U0851050

南方传媒智库丛书

向上突围

南方日报社◎编

南方日报出版社
NANFANG DAILY PRESS
中国·广州

图书在版编目（CIP）数据

向上突围 / 南方日报社编. -- 广州 : 南方日报出版社, 2018.12
ISBN 978-7-5491-1970-7

Ⅰ. ①向… Ⅱ. ①南… Ⅲ. ①企业发展－研究报告－广东
Ⅳ. ①F279.276.5

中国版本图书馆 CIP 数据核字(2018)第 297475 号

XIANGSHANG TUWEI
向上突围

编　　者：南方日报社
出版发行：南方日报出版社
地　　址：广州市广州大道中 289 号
出 版 人：周山丹
责任编辑：刘志一　付惠平
责任技编：王　兰
装帧设计：邓晓童
责任校对：裴晓倩
经　　销：全国新华书店
印　　刷：广州市岭美彩印有限公司
开　　本：889mm×1194mm　1/16
印　　张：12.5
字　　数：120 千字
版　　次：2018 年 12 月第 1 版
印　　次：2018 年 12 月第 1 次印刷
定　　价：48.00 元

投稿热线：（020）87360640　读者热线：（020）87363865
发现印装质量问题，影响阅读，请与承印厂联系调换。

南方传媒智库丛书编委会

主　任：刘红兵

副主任：黄常开　相贤古

编　委：王更辉　曹　轲　陈广腾　黄　灿　王义军
胡　键　张俊华　王　巍　姜　晖　曾庆春
任天阳　姚燕永　郎国华　陈　志　梅志清
田东江　谭仕龙

《向上突围》编写组

主　编：黄常开

编　辑：谢思佳　卢　轶　罗彦军　袁佩如　曾　妮
张　莹　肖文舸　苏　力　张西陆

序

新时代，广东迎来新使命。

2018年年初，习近平总书记在参加十三届全国人大一次会议广东代表团审议时提出“四个走在全国前列”的殷切期望，要求广东“在构建推动经济高质量发展体制机制、建设现代化经济体系、形成全面开放新格局、营造共建共治共享社会治理格局上走在全国前列”。

10月，总书记时隔六年再次来到广东考察调研，并对广东提出“深化改革开放，推动高质量发展，提高发展平衡性和协调性，加强党的领导和党的建设”等四个方面工作要求。

作为党报集团，南方报业在这一年，亲眼见证和记录了广东倍受鼓舞、重整行装，进一步解放思想、改革创新、真抓实干、奋发进取的生动场面。我们同时也在思考，要以新的更大作为开创广东工作新局面，提高发展质量和效益，建设现代化经济体系，在新的历史起点上继续“向上突围”，广东下一步该怎么干？关键一招是什么？

广东省委十二届四次全会后，在上半年“奋力实现‘四个走在全国前列’深调研”的基础上，几乎是无缝衔接，南方报业又启动了“向上突围”融媒体报道活动。

就在我们项目实施的前后，一场旨在持续深化“放管服”改革，抓好政策完善和政策落地，着力营造高水平营商环境，为广东企业“向上突围”创造环境、做好服务的行动，轰轰烈烈地展开了。从“实体经济十条”到“外资十条”，从“民营经济十条”再到“促进就业九条”，政策红利加速释放；从三年为企业减负超2000亿元，到深化营商环境综合改革，减负增效成为一大亮点……

“向上突围”融媒体报道活动由此聚焦营商环境、高质量发展、企业家精神三大主题。项目融合南方报业报网端优势资源，集结近百名精锐采编人员，践行“走转改”，开展深调研，既做全媒体，又生产智库产品，全景展现了广东“向上突围”的壮阔行动。近半年来，先后推出了“实体经济十条”“外资十条”全媒体传播、“广东企示”高质量发展方程式、重塑营商环境深调研、“创新加速度”对话CEO、2018广东企业家精神社会征集、“来了就是广东人”公益推广活动、“我是洋老广”全媒体传播、“广东质造”标杆企业案例库等十大产品。相关深调研产品更是得到了广东省委、省政府主要领导的高度评价，新媒体产品全网点击量突破1亿人次。

“向上突围”融媒体报道活动已告一段落。我们将报道的精华内容集结成册，不仅希望能够成为广东“向上突围”新征程的忠实记录者，也希望通过我们的报道，为新时代广东企业在更高起点、更高层次、更高目标上实现新的发展，广东产业体系瞄准高端高新继续攀升，营造氛围，引发思考，提供参照。愿在“重塑营商环境，继续走在前列”的决心和行动下，广东能加快实现从“制造大省”向“制造强省”、从“广东制造”向“广东创造”、从“广东速度”向“广东质量”、从“广东产品”向“广东品牌”的伟大转变。

是为序。

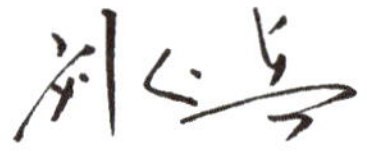

（作者刘红兵系南方报业传媒集团党委书记、管委会主任，南方日报社社长）

目录

第三章　突围之力

第四章　突围之融

第五章　突围之志

第六章　突围之盼

第一章 突围之势

从质量变革“方程式”看粤企向上突围

广东力争全国率先跨越发展关口

【释题】

质量变革“方程式”：“质量”=“密度”×“体积”

改革开放40年来，广东企业日益重视提高产品和服务质量以及综合素质，通过追求高质量发展，向全球价值链高端突围。如用质量变革“方程式”观照粤企变革内涵，可以看出，在象征“体积”的地域、园区等指标不变情况下，升级象征“密度”的管理、集群、技术、亩产、人才等指标，发展“质量”将焕然一新，并最终提高全要素生产率。

改革开放40周年，广东企业星光灿烂。既是历史的选择，也是粤企的作为。

在新的历史起点，粤企面临第四次科技革命与世界一流同位起跑的摩擦竞合。

广东不做低端世界工厂，但是成本上涨、风险陡增，广东企业家怎么办？

历史的天空，总有相似的星光闪耀。

40年来，“杀出一条血路”“敢为天下先”是从无到有的激情，更推动从有到优的跃升。时至今日，“双重挤压”“向上突围”是化危为机的规律，也是粤企质量变革的机遇。

在粤港澳大湾区的东岸，一条发展廊道恰是机遇与变革的一贯见证者。质量变革“方程式”隐含的规律不断在此轮回。解析这个走廊样本，便能回答粤企质量变革的方法之问。

走廊起点

提高产品和服务质量

一流无人机助大疆占七成市场份额

1979年，蛇口填海建港，打响了中国改革开放“头炮”，打通了广东与全球信息技术产业转移的通道。港商来了、台商来了、欧美外资接踵而至。10余年间，广深之间出现一条“广东电子资讯产业走廊”。

1995年，一名叫陈海升的商人在深圳华强北赛格市场租下一方柜台，卖电子元器件。“只要有货源，不愁没销路。”他惊呼，生意竟然这么好，大家都排着队买货。才两年，他就成立了自己的公司——美隆电子公司，产品贴片电阻和贴片电容远销海外。

华强北“一夜成名”，成为广东电子信息制造业的“招牌”。中山大学教授毛艳华发现，台商大规模迁入，把产业和人脉网络整体移植到了这条走廊上。产业集群式大规模转移，使得“密度”陡增。虽然走廊“体积”没变，却短时间内大幅提升区域内产品和服务质量，激发了质量变革。

当时的走廊里，为香港公司代理交换机的华为自主研发了PBX技术。

江西人段永平离开中山“小霸王”成立步步高，为日后我国手机领军企业OPPO、VIVO奠定了基础。

同是这条走廊，广东省2017年提出对标硅谷101公路，将其打造成一条科技创新走廊。2018年，这条走廊被冠名为广深港澳科技创新走廊。电子资讯产业式微，新一代信息技术、人工智能产业在此崛起。

大疆无人机员工平均年龄不超过27岁，占据全球无人机行业70%以上市场份额。在“模式创新多、技术创新少”现象广受诟病的当下，大疆总裁罗镇华自信地将企业爆发式发展归功于质量变革：“奠定大疆市场地位的，是引领行业先进水平的无人机产品。”

狭义的质量变革，指提高产品和服务质量。走廊还是这条走廊，40年来，伴随着高密度的人才、资金、技术投入，发展质量日新月异。

2017年，广东高新技术企业数达3.3万家，是“入世”次年2002年的19倍，数量为全国第一；工业机器人、无人机产量分别增长50.2%、69.0%。

广东学者陈鸿宇总结说，广东经济在全国率先遇到发展“瓶颈”后，坚定地从粗放发展转向质量发展，为全国提供了良好样板。

走廊中心

国民经济各领域素质普遍提高

“广州人对于新鲜事物接受程度超乎我想象”

2017年，广州市促进民营经济发展大会上，正在讲话的时任广东省委副书记、广州市委书记任学锋突然向台下问道：“到全球舞台上对话，以前通常都是国企。以后，是不是雪松也能出去对个话？”

“肯定的！”台下的雪松董事局主席张劲当即回应。

这一问一答，现场赢得了掌声，背后反映了广深港澳科技创新走廊民营企业发展的能力、信心和环境。

一年后的2018年7月19日，2018年《财富》世界500强排行榜公布，大宗商品行业龙头雪松跻身世界500强行列。

在美的、腾讯之后，这是该走廊近3年新增的第6家内地本土世界500强企业，而且均为民营企业。

外资世界500强企业也没有停止投资的脚步。曾几何时，这里一度承受着外资“撤离潮”的担忧。实际上，是撤了低端，进了高端。

广州近年一举吸引思科、微软、高通、富士康等企业的创新中心落户；深圳则吸引了苹果、空客、高通等企业设立创新中心。广州在五登福布斯中国大陆最佳商业城市榜首之后，还盛大举办《财富》全球论坛。

在回答富士康为何要投资610亿元，在用地成本并不低的广州建设10.5代8K显示器产业园时，董事长郭台铭直言：“土地是次因，我更看好广州是能把创新技术应用到个人生活的地方，广州人对于新鲜事物的接受程度超乎我想象。”

在创新型外资项目带动下，6个“百亿美元”级大项目密集落户或动工。埃克森美孚在惠州建化工综合体、广汽智联在广州建新能源汽车产业园、华星光电在深圳建第11代超高清新型显示器项目。

广义质量变革，指提高国民经济各领域、各层面素质。走廊还是这条走廊，近年来，随着营商环境政策出台“密度”、市场消费能力“密度”升级，发展质量焕然一新。

“以前投资是为了市场，现在青睐是因为环境。”思科大中华区董事长兼首席执行官陈仕炜总结，广深港澳科技创新走廊改变了机遇的内涵。

➔走廊腹地

提高全要素生产率

美的退还给政府7000多亩土地

中国发展研究基金会副理事长刘世锦说，质量变革是高质量发展的主体，关键是切实、持续地提高全要素生产率。

2017年11月，原国家质检总局发布《关于美的集团质量变革情况的调

□ 外贸企业不断转型升级，提升质量，畅销世界，是广东制造兴盛的最大动力。图为广交会上家电产品展位供需两旺

研报告》称：美的是质量变革、提高全要素生产率的成功样本。

在广深港澳科技创新走廊腹地佛山，美的面临白色家电行业严重同质化竞争，自2011年起向精益制造转型。6年没有投入一分钱购置厂房、土地、设备，生产线没有扩能，甚至还退还给政府7000多亩土地。但2017年净利润是2011年的3倍以上，同比增长60%，自有资金从2011年60亿元增加到2017年1000亿元。

美的董事长兼总裁方洪波揭秘："同样生产一件产品，原成本100元，随着人、财、物等生产力的提高，现成本80元。企业盈利多了，工人收入多了，企业就有钱投入到新的生产中。"美的副总裁向卫民总结为，"让每一寸土地、每一间厂房、每一个要素都发挥最大作用"。

影响全要素生产率的因素，包括技术创新、质量创新、管理创新、新业态等一系列"软要素"。

如今，在广深港澳科技创新走廊，粤企升级"软要素"初见成效。东方电气的核电设备装进了法国核电站，广州亿航的184载客无人机亮相迪拜上空，华讯方舟成功研发世界首款石墨烯太赫兹芯片……从新兴产业到传统产业，一场质量变革浪潮已来，带动广东“制造大省”向“制造强省”转变、“广东制造”向“广东创造”转变、“广东速度”向“广东质量”转变、“广东产品”向“广东品牌”转变。

广东能不做低端世界工厂吗？

日益成型的现代化经济体系是最大底气，当前的广东：

——数字经济指数排名全国第一；

——海洋生产总值连续23年居全国首位；

——生物医药领跑全国，2020年全省生物产业产值规模将突破6000亿元；

——海上风电未来5年计划开发3000万千瓦，带动超万亿高端装备产业集群；

——2018年上半年，先进制造业增加值对规模以上工业增加值增长的贡献率为74.4%。

成本上涨、风险陡增，广东企业家怎么办？中山大学岭南学院经济系主任徐现祥百感交集地说：“新兴产业、标准制定是引领者的生存之争，越来越多粤企通过质量变革，向引领者突围，我们必将跨越这个关口。”

（苏力　李凤祥）

数读

广东质量变革：从“制造大省”迈向“制造强省”

改革开放40年，既是广东企业“敢为天下先”的创业史，更是不断追求高质量发展的升级史。尤其是党的十九大以来，广东聚焦现代化经济体系，大力推进质量变革，通过产业结构调整，塑造新的产业优势，粤企向上突围之势已是星火燎原。

工业总量规模跃上新台阶

◎2017年，广东全部工业增加值3.58万亿元，是1978年的240倍，年均增长15.1%，比全国同期增速高4.3个百分点；占全国比重达12.8%，比1978年提高8.1个百分点，在1991年、1996年先后超越山东、江苏居全国第一

◎2017年，广东规模以上工业增加值3.31万亿元，是2000年的10.4倍，年均增长14.8%，比全国同期增速高2.6个百分点；制造业增加值占地区生产总值比重从25.6%提高到33.4%

◎截至2018年4月，广东规模以上工业企业数达4.72万家，超越江苏位居全国第一

经济运行质量明显提高

◎广东工业全员劳动生产率从1978年9906元/人提高到2017年24.2万元/人

◎2017年，广东规模以上工业企业利润总额8986亿元，是2000年的17.2倍，年均增长18.2%

◎2013—2017年，广东单位生产总值能耗累计下降19.5%，居全国第二低位，降幅比“十一五”时期扩大3.1个百分点；单位工业增加值能耗累计下降25.7%

战略性新兴产业崛起

◎广东数字经济指数排名全国第一

◎广东海洋生产总值连续23年居全国首位

◎2020年，预计广东生物产业产值规模将突破6000亿元

◎广东新能源汽车保有量超过20万辆，推广应用规模居全国前列

◎广东海上风电未来五年计划开发3000万千瓦，将带动形成过万亿的高端装备产业集群

制造业产业结构向高端优化趋势

党的十八大以来，广东先进制造业和生物医药、电子及通信设备业迅

猛发展，2017年增加值占规上工业比重分别达28.8%、53.2%

贸易结构进一步优化

◎2017年，广东一般贸易进出口增长14.3%，占比超过加工贸易9.0个百分点，达46.1%

◎2017年，广东民营企业出口增长13.1%，占全省出口比重的47.0%，首次成为我省第一大出口主体

40年质量变革大事记

1978年

中国第一家“三来一补”企业——东莞虎门镇太平手袋厂正式成立，加工出口贸易在广东兴起。

1987年

任正非来到深圳，注册成立了华为技术有限公司，成为香港康力公司的HAX模拟交换机的代理商。

1995年

打造了“小霸王学习机”的段永平离开中山小霸王，在东莞长安成立广东步步高电子工业有限公司，为后来我国手机领域的领军企业OPPO、VIVO诞生奠定了基础。

1997年

陈海升在深圳华强北注册深圳市美隆电子有限公司，同期全国第一家专门销售电子元器件的交易市场——赛格电子配套市场日益火爆，华强北“晋升”为“中国电子第一街”。

1998年

马化腾在深圳创立了腾讯科技，第二年他在首届深圳高交会上拿到了第一笔风险投资。

2000年前后

日系汽车三大巨头本田、日产、丰田相继落户广州，拉动汽车产业集群“扎堆”华南，为广东经济结构调整带来新动力。

2003年

深圳比亚迪首入汽车产业，不仅开始生产民族自主品牌燃油汽车，还致力于研发与推广新能源汽车。

2011年

佛山美的提出实施精益制造转型，此后6年没有投入一分钱购置厂房、土地、设备，甚至还退还给政府7000多亩土地，但是企业的效率、利润水平大幅提升。

2011年

广东省人民政府决定设立针对企业的最高质量奖项——广东省政府质量奖，每两年评选一届，授予那些产品、服务、工程、环保质量以及自主创新能力和市场竞争力等在国内外处于领先地位，对全省经济社会发展做出卓越贡献的广东企业或组织，日立电梯、广东联塑科技实业有限公司、TCL等8家企业获得首届大奖。

2016年

富士康旗下第10.5代显示器全生态产业园落户广州，计划投资610亿元，建成后年产值近千亿元，主要建设第10.5代面板、基板玻璃及相关后段产品生产线。

2017年

深圳大疆创新科技有限公司营业额达到180亿元，该公司员工平均年龄不超过27岁，却占据着全球无人机行业70%以上的市场份额。

2017年

美国权威的市场调查、研究公司J.D.Power发布的新车质量研究报告显示，广汽传祺位列中国品牌第一，这已经是该品牌连续第5年取得此成绩。

2018年

粤芯芯片项目在广州开发区动工，将带来总投资70亿元的12英寸芯片制造项目，还有15家上下游企业，和400多名来自美国、新加坡等国家的顶尖技术人员。

2018年

《财富》世界500强排行榜公布，广深港澳科技创新走廊有12家内地企业入围，总量全国第二，而且近3年新增6家世界500强企业，且均为民营企业。

（李凤祥）

从效率变革“方程式”看粤企转型升级

广东企业全球“突围战”

【释题】

效率变革“方程式”：“效率”=“投入”/“产出”

改革开放40年，广东企业不断提升生产效率、发展效率，通过追求高质量发展，推动整体经济效率跃升，实现转型升级和创新发展。如用效率变革“方程式”观察粤企变革内涵，可以看出，象征“投入”的资金、人才、设备、管理、科技等指标数量增加、结构改变或升级时，象征“产出”的营收、利润、缴税、品牌价值随之增加，意味着企业发展“效率”提高。

改革开放40年，中国创造世界经济奇迹。

40年前，26岁的广东人唐志平不会想到，自己将见证奇迹开端。他管理的太平手袋厂成为全国首家“三来一补”企业，拉开外资奔涌入粤的大幕。

自此，广东企业遇山开山、无路开路，一次次参与全球市场竞争，又一次次在内外双重挑战下打赢“突围战”。

这些“突围战”，归根结底是投入产出比较的竞争、效率高低的竞争：

40年间，外资、民资来了，先进工艺和管理制度来了，智能化设备来了，高端人才和关键技术也来了。企业“投入”性质、结构、规模的变革，一次次带来“经济效率”的提升，最终将广东引向第四次工业革命浪潮最前沿。

“他们诞生于市场，他们挺过了残酷的全球竞争，他们将拥有世界级的竞争力。”回顾40年广东企业发展，中山大学岭南学院经济系主任徐现祥这样感慨。

➔资金投入

全世界商人都来了

创造20年地区生产总值年均增长18%奇迹

十一届三中全会前夜，东莞县太平镇一片宁静。这个农业大县的人们早已习惯日落而息。

1978年7月30日晚，港商张子弥打破了这种“太平”——他决定投资200万港元在此建厂。此时，距国务院颁布《开展对外加工装配业务试行办法》仅半个月，公有制经济仍“一统天下”。在广东，公有制经济占全省生产总值比重达98.7%。

同年9月，太平手袋厂获得国家工商总局颁发的“粤字001”编号，成为中国第一家“三来一补”企业。

国资“一元化”的局面打破了，外资加速涌入。“建厂后，不再用脚踏设备，全部换成电动的。以前高级工程师每月工资五六十元，但按件计酬后，连学徒都能拿100元。”唐志平回忆。

工人的积极性被彻底激发了，大家通宵达旦赶生产。整个太平镇也轰动了，人们提着鸡鸭来找唐志平，想“走后门”进厂工作。“手工作坊式”的投入变成了规范化的工厂管理，手袋厂生产效率也高了，投产第一年加工费就达100万元，为国家赚取外汇60多万港元。

外资来了，新的技术和设备来了，先进的管理制度也来了，东莞的经济效率飞速提升。1988年底，东莞“三来一补”企业2500多家，遍布全市80%的乡村，加工产品涵盖15大类4000多个品种，创汇214亿美元，居全国县级单位之首。至2007年，东莞地区生产总值比1978年增长120倍，年均增长高达18%，创造了世界工业化的奇迹。

这是广东企业野蛮生长的一面镜子。20年过去，广东企业的资金、技术、设备和管理投入不断升级，产出也发生了翻天覆地的变化，经济效率实现飞跃。

同期，全省企业遍地开花，工厂星罗棋布，农民洗脚上田。1997年，全省私营企业增至12万户，5年年均增长近25%，增速全国第一；1998年，广东地区生产总值达8531亿元，是1978年的46倍，首次超越“亚洲四小龙”。

智能投入

“机器换人”是被逼的

工业企业利润17年年均增长18%

改革开放，让广东企业得以参与世界竞争，也深深明白竞争的残酷。

2008年，高速发展多年的工业开始“跑不动”了，产能过剩、成本上升、效率不高等问题，让越来越多广东企业嗅到危险的气息。还没等企业反应过来，国际金融危机爆发了。

2008年10月15日，大型港资企业东莞合俊玩具厂没挺住，倒了。倒闭前一天，工厂还在正常运转。一夜之间，6500多名工人丢了饭碗、没了工作。

像风暴一样，紧接着，万士达、联胜、诺基亚等一批知名企业关停、搬迁、转移。“倒闭潮”的猜测甚嚣尘上，广东企业似乎走到了“生死关头”。

但参与全球产业分工和市场竞争的30年，让广东企业有了强烈的“逃离竞争”的原始动力。他们很早就明白，要生存，就要比别人更快、更好。

经济凛冬之中，企业不得不再次改变投入结构，向创新、品牌投入转变，才能效率更高、效果更好。

“机器换人是被逼的！”东莞唯美集团尝到自动化生产的甜头并非主动出击。2007年，为应对成本上升，唯美引进了8台总价值超400万元的自动化设备，但由于技术和管理问题故障频频——自动变成“半自动”，接着“不动”，最后回到全手动，只好放弃“机器换人”。

但金融危机又带来更严峻的困扰。2009年，唯美第二批自动打包机投入使用。此后数年，企业共投入3亿元，不断改进技术和管理，基本实现自动化生产，节省生产用工2200人，生产效率提高十多倍。技术研发队伍却从数十人增加到200多人，新产品不断涌现。

近10年间，更多像唯美一样的广东企业咬紧牙关，摸索着不知能否成功的转型之路。机器轰鸣逐渐取代了人声喧闹，“三来一补”工厂加速转向“三资”企业，人们越来越重视自主品牌和创新投入。

“每一次‘突围’都是要素投入的改变，每一次都带来效率的提升。”徐现祥说，广东企业活到现在，能够逃离竞争的，都有着世界级的竞争力。

从“生产投入”转向“设备投入”和“品牌投入”，广东企业挺过经济凛冬，又一次“突围”成功了。

2017年，广东工业全员劳动生产率达24.2万元/人，是1978年的24倍；规模以上工业企业利润总额8986亿元，是2000年的17.2倍，年均增长18.2%。2013—2017年，单位生产总值能耗累计下降19.5%，居全国第二低位。

➔科技投入

与欧美强企站在同一赛道

全球每4架无人机就有3架“广东造”

挺过转型“阵痛”的广东企业，正奔涌向全球第四次工业革命潮头。

“三来一补”企业最密集的地方，早已换了新颜。2017年，东莞高新技术企业4058家，是2009年的16.5倍，年均增长42%，总量排广东地级市第一位。

广东欧珀移动通信有限公司副总裁朱高领说，2017年，欧珀名列全国企业发明专利授权量排名前8位，公司共有研发团队达4000多人。“其中30%的人员正在进行前沿技术研究。”

2017年11月，中国最大集成电路企业、世界第三大手机芯片企业紫光集团决定，在东莞投资1000亿元建设芯云产业城项目，并设立5G技术研究院、物联网研发应用中心、智能汽车芯片研发基地。

2018年初，中图半导体科技有限公司在东莞松山湖的无尘车间建好了。车间内，刻蚀设备不停运转，在一块块4英寸大小的蓝宝石衬底上精准“绘画”。这家高新技术企业成立仅4年，但2017年销售收入已超过13亿元，全球市场占有率约40%。

近5年来，广东企业的投入结构再次变化，关键技术、高端人才、智能改造越来越占据主流。在此推动下，新一轮效率变革正在发生。

曾经，全球每卖出4双运动鞋，就有1双产自广东。“但如今，全球每卖出4架无人机，只有1架不是在广东生产的。”汇丰银行（中国）有限公司常务副行长兼广东行政总裁何舜华这样感慨。

现在，广东企业环顾四周，发现自己与欧美最优秀的企业站在了同一起跑线上。

与此同时，全球经济形势又与10年前有着许多相似：国际贸易摩擦频发，工业革命大潮涌动，新一轮“洗牌”愈演愈烈……

新的“突围战”里，广东企业将参与更大范围、更高水平的全球竞争与合作。这一次，他们瞄准了最前沿的关键技术和基础研究，再一次改变

"投入"，推动效率变革，努力提升产业在全球价值链中的地位。

（陈晓　肖文舸）

数读

广东效率变革：为高质量发展打牢基础

改革开放40年间，广东生产总值年均增长12.6%，比同期全国平均增速高3.1个百分点，比世界平均增速高9.7个百分点。2017年，广东工业全员劳动生产率达24.2万元/人，是1978年的24倍；规模以上工业企业利润总额8986亿元，是2000年的17.2倍，年均增长18.2%。数据背后，是广东企业40年参与全球竞争与合作，不断实现效率变革的主动作为。

当前，广东正以大力促进市场竞争为手段，逐步填平各种低效率洼地，使高效要素进得去、低效要素退得出，为高质量发展打牢效率和竞争力基础。广东还不断提高开放型经济水平，引进来与走出去相结合，更大范围、更高水平参与国际竞争和合作，稳步提升我国产业在全球价值链中的地位。

经济总量大幅增加

◎1978年至2017年，广东生产总值年均增长12.6%，比同期全国平均增速高3.1个百分点，比世界平均增速高9.7个百分点

◎1998年，广东生产总值达8531亿元，是1978年的46倍

◎2017年，广东生产总值达8.99万亿元

◎40年来，广东经济总量先后在1998年超越新加坡、2003年超越中国香港地区、2007年超越中国台湾地区

人均指标"含金量"不断提高

◎2017年广东人均生产总值达12010美元，接近高收入经济体标准

◎2017年，广东工业全员劳动生产率达24.2万元/人，是1978年的24倍

企业转型升级持续向好

◎2017年，广东规模以上工业企业利润总额8986亿元，是2000年的17.2倍，年均增长18.2%

◎2013—2017年，单位生产总值能耗累计下降19.5%，居全国第二低位

外贸进出口跨越式发展

◎广东外贸进出口总值从1985年的91.3亿美元攀升至2017年的1.01万亿美元，增长109.3倍，其间年均增速高达15.8%，占全国外贸比重由13.1%攀升至24.5%

◎1986年，广东外贸进出口总值首次突破100亿美元，达146.7亿美元，首次跃居全国各省市首位。至2017年，连续32年保持全国第一

◎广东加工贸易从1981年16.9亿美元逐步增长至2017年3731.8亿美元，年均增长率达16.2%

◎2016年，广东一般贸易进出口值4162.8亿美元，为1986年来首超加工贸易进出口值

◎民营企业进出口值从1993年的7.7亿美元增长至2017年的4643.1亿美元，年均增速达30.5%，占比从1993年1%增长至2017年的46.1%。2017年，首次成为广东外贸第一大主体

◎2017年，广东对"一带一路"沿线国家的进出口值为2220亿美元，较2013年增长了23.9%，占当年广东进出口总值的22.1%

（陈晓　肖苒　陈美影）

莞企改革开放40年效率变革大事记

1978年

港商张子弥投资建设的太平手袋厂获得国家工商总局颁发的“粤字001”编号，成为中国第一家“三来一补”企业。

1978年

东莞组建“对外来料加工装备领导小组”，下设办公室。随后，“三来一补”的模式在珠三角乃至全国遍地开花。

1983年

当时全球最大的食品企业美国通用食品有限公司“破冰”进入东莞，与东莞粉厂合办省内第一家合资企业东美公司。

1984年

“来料加工装配办公室”正式定为常设的行政机构。坚持一个窗口对外的原则，从洽谈、签约、工商登记、报关、办理进口许可证，以及香港直通车手续，实行“一站式”的管理和服务。

1988年

万泰光电成为落户东莞的首个台资企业。如今有3000多家台企在东莞聚集，东莞也被台商视为“第二故乡”。

1988年底

东莞“三来一补”企业达2500多家，遍布80%的乡村；至1991年，引入外资高达17亿美元。东莞从农业小县城一跃成为全国知名的工业化城市，堪称“东莞奇迹”。

1995年

东莞外贸达到辉煌顶点，全年进出口总额1285.31亿元。同年全市生产总值仅为296.29亿元，外向依存度达到433.8%的历史最高值。

2001年

在距离太平手袋厂仅30公里远的地方，东莞松山湖科技产业园成立。

2002年

广东“三来一补”企业数量达到顶峰，仅东莞在册的“三来一补”企业就达1.2万家。

2008年

大型港资企业东莞合俊玩具厂倒闭。此后，万士达、联胜、诺基亚等一批知名企业相继关停、搬迁、转移。

2008年

东莞被确定为全省加工贸易转型升级试点城市，在全国首创了来料加工企业不停产转法人企业的崭新模式。

2012年

改革开放前30年生产总值平均增速在17%以上的东莞，当年第一季度增速仅1.3%。全年生产总值增速为6.1%，继2009年后第三次没有完成生产总值增长预定目标，增速全省垫底。有声音质疑，转型升级过程中，东莞经济还能不能稳住。

2012年

东莞在全国率先试点商事制度改革，实现“零首付”开公司，至今共取消行政审批事项300多项。

2014年

东莞战略性高新技术产业、进出口贸易等一系列经济发展质量指标均持续向好，且增速明显高于经济总量，为全省经济转型做出了探索。

2016年

东莞成为全省唯一的全国构建开放型经济新体制综合试点试验城市。

2017年

中国最大集成电路企业、世界第三大手机芯片企业紫光集团在东莞投资1000亿元建设芯云产业城项目，并设立5G技术研究院、物联网研发应用中心、智能汽车芯片研发基地。

2018年

位于东莞大朗镇水平村的中国散裂中子源项目通过国家验收，这是我国迄今最大的科学装置。以散裂中子源项目为核心，东莞将高标准规划与建设约45.7平方公里的中子科学城，打造国内领先、世界闻名的国家综合性科技创新中心。

（肖文舸　陈晓）

从动力变革“方程式”看“粤家电”激荡40年

要素投资驱动转向技术创新驱动

【释题】

动力变革“方程式”：“动力加速度”=“作用力”/“企业规模（质量）”

改革开放40年，广东企业发展的动力机制不断转换。以“粤家电”这一代表产业为研究样本，最能观察企业动力变革的轨迹路径。如果用动力变革“方程式”来量化，可以看出，当象征“质量”的企业规模相对恒定时，象征“作用力”的研发投入、自主品牌、投资并购、技术创新等指标升级时，企业发展的“动力加速度”就会随之提高。“动力加速度”提升到某一临界点，企业发展进入全新阶段，将实现从量变到质变的飞跃。

20世纪90年代，广东顺德容桂镇是家喻户晓的家电名镇。

这个面积仅80平方公里的小镇上，诞生了格兰仕、容声、科龙、万家乐、美的等多个“粤家电”品牌。“全国人民买的家电‘四大件’，大部分都产自这里。”时任顺德容桂镇镇长朱仲文如是说。

中国制造看家电，家电制造看广东。

如今，家电产业已成为支撑广东实体经济发展的重要力量。改革开放40年，是一部广东家电企业激荡40年的风云史。在历史长河中的关键节点，不同企业掌舵人做出的不同选择，造就了如今“粤家电”产业的格局。

40年变迁，家电企业的动力机制从要素驱动到投资驱动，再到创新驱动。如果用动力变革“方程式”来观察家电行业，就会发现动力变革的背后，是适应高质量、高效率现代化经济体系建设的迫切需要。

1978—1999年

要素驱动

只有抓住市场才能活下来

改革开放初期，中国消费市场潜力大、土地与劳动力便宜，吸引众多外国家电企业将生产线转移到广东。

拥有制造业先发优势的佛山顺德成为时代“宠儿”，松下、东芝、西门子、三星……顺德几乎成了全球家电生产的“大车间”。

彼时，动力变革“方程式”的“作用力”主要表现为生产要素驱动，主要依靠各种生产要素的投入（如土地、资源、劳动力等）获取发展动力。这种相对初级的驱动方式，适合技术相对匮乏的时期。

在改革开放前20年，“贴牌代工”成为当时家电企业的普遍路径。

1992年，顺德推行股份制，格兰仕进入家电行业，从微波炉贴牌代工起步，引进东芝微波炉生产线，向国外近百家公司提供贴牌合作。

“当时，贴牌代工是基于市场的选择。”格兰仕总裁梁昭贤回忆说。

随着成本上涨，20世纪90年代后期，影响企业动力加速度的作用力也发生变化。同时，消费市场也在变化，消费者也不再只满足于买到家电，而是要买到名牌家电。

TCL、格兰仕等一批家电企业由此拉开了家电自主品牌崛起的大幕。

“谁拥有自主知名品牌，谁的行业控制能力就越强。”TCL董事长李东生如是说。1985年，TCL品牌被启用，王牌彩电从无到有迅速崛起，1990年产销量跃居全国彩电行业三强。世纪之交，TCL终成为中国彩电市场的领头羊。

同样，格兰仕也从贴牌代工转为自主品牌。1995年，格兰仕微波炉销售量达25万台，在中国市场占据第一位。

回看历史，无论是格兰仕还是TCL，都经历了品牌从无到有的过程。而那些没有转向自主品牌的家电企业，则渐渐退出了家电行业的舞台。

“以要素驱动为导向的企业，只有抓住市场才能存活下来。随着生产力发展，动力机制也悄然变化。”广东省社科院企业研究所副所长李源说。

2000—2008年

投资驱动

领域选择和时机把握尤其重要

2001年11月11日，世界贸易组织（WTO）第四届部长级会议上，大会主席约瑟夫•侯赛因•卡迈尔一锤定音，宣布中国“入世”。

时任中国首席谈判代表龙永图回忆说，对于最早参与全球化竞争的中国家电行业，采取的是“不保护”的谈判方针，日立、东芝、松下等跨国企业纷纷加大在华投资力度。

近20年的发展，国内家电市场相对饱和。“入世”后，海外品牌又加大在华投资力度。双重压力下，企业发展路径转向投资扩张。

2008年前后，美的、格力、TCL等企业通过扩大产能来提升竞争力。2007年，格力通过增发投资，扩大空调年产能至2000万台；2008年，美的冰箱年产能超过800万台；2009年，TCL与深圳市共同投资245亿元建设8.5代TFT-LCD液晶显示面板项目（华星光电项目）。

除了投资建厂、扩大产能外，并购也是该阶段动力变革“方程式”的主要“作用力”。

格林柯尔并购科龙事件，是本次并购大潮的起点。科龙1996年在香港上市，1999年在深圳上市。不到10年，科龙却易主了。2001年，制冷剂民营企业格林柯尔参与科龙改制，买入容桂区政府持有的20.6%股份，实现控股。

然而，2007年5月18日，格林柯尔在香港退市，格林柯尔系资产随同产业幻梦一起“灰飞烟灭”。

可见，投资并购的领域选择和时机把握，尤其重要。

“早些年，很多人动员我去搞手机，我从不动心。”美的创始人何享健表示，只在家电领域纵向并购。2003年，美的电器宣布并购华凌集团。美的目标明确：以低成本收购和兼并，扩大产能以获得新的成本优势。

也有品牌寻找新的市场增长点，国际化开始萌芽。完成收购德国施耐德电视业务等海外扩张后，2006年，TCL开始为其海外并购“交学费”：海外市场、人力资源、经营、体系全都没跟上，最后TCL只能“壮士断腕”，收缩海外市场。

“企业国际化前期风险代价巨大，‘粤家电’国际化之路布满荆棘。”李东生事后感叹。

溯源至10多年前发生在21世纪初叶的那一轮并购大潮：有的企业随着资本退市一同陨落，有的企业并购重组壮大实力，有的企业则为出海并购交了昂贵的“学费”。

投资驱动，是那个年代企业动力变革的主旋律。但随着新一轮产业变革和国际经济形势变化，广东家电军团开始探索新的动力变革路径，创新驱动登上舞台。

2008—2018年

创新驱动

核心技术要不来买不来换不来

2008年金融危机席卷全球，出口型家电企业受到影响。动力变革的新“作用力”，就是技术创新。

创新是第一动力，企业开始转型升级。不同企业选择了不同的突围方式，保持专一化发展的格力和多元化经营的美的是其中代表。

“轻率地把人力、物力、财力转移到一个完全陌生的行业，并不能使企业走出困境，反而风险更大。”格力创始人朱江洪这样说。1991年成立以来，格力专注空调，成为迄今为止全球首个依靠单一品类突破千亿元的家电品牌。

格力董事长董明珠也认为，成功离不开“专注”二字。“我认为只要一个企业坚持不断创造新技术，就能创造出新的市场需求。对于技术研发的投入，格力不设上限。”

按照动力方程式来看，格力通过加大研发投入取得可喜成绩。2011年，格力自主研发出“1赫兹”变频空调关键技术荣获中国国家科技进步奖。截至目前，格力拥有技术专利8000多项，其中发明专利2000多项。

美的也与格力一样站在转型的分岔路口，却选择了另外的方向。

“美的集团早已实现了在人工智能、新一代制造技术方面的突破。”美的集团董事长兼总裁方洪波这样表示。2018年7月，美的集团荣登《财富》世界500强榜单，市值超3000亿元。

但方洪波坦言，大规模投资形成的成本优势不可持续。2011年6月，美的转变发展方式，追求质量增长。近年，美的研发投入不断加大，2017年达85亿元。2016年5月，美的收购机器人巨头德国库卡。

回顾广东家电产业浮沉40年，鼎盛时期数千家品牌同台竞技。如今，唯有格力和美的成为行业“双寡头”。两家巨头的转型路径虽然不同，但动力变革的作用力都是创新。

基于发展周期实际，家电产业的动力变革经历了要素驱动和投资驱动

□ 第三届珠江西岸先进装备制造业投资贸易洽谈会上，格力的机械臂技术动作灵活

的阶段。但现实告诉我们，创新才是永恒动力。

动力变革，魂在创新。关键核心技术要不来、买不来、换不来，只能靠自主创新。以美的、格力为代表的广东家电巨头，在全球市场纵横捭阖的时代才刚开启。

（彭琳　唐柳雯　龚鸣　潘诗雅）

数读

中国60%家电是广东企业卖的

从20世纪90年代开始，广东家电企业迅猛增长，诞生了康佳、格兰仕、TCL、美的、格力等享誉全国的驰名品牌。“十一五”期间，广东规模以上家电企业共有1360家，企业资产总额为2600.1亿元，销售收入和出口交货值占全国比重均超过40%，位居全国首位。截至2017年底，广东家电产品销售总额为9450亿元，占全国销售总额的63%。

◎2017年全国家电产品销售总额为1.51万亿元，其中广东家电产品销售总额为9450亿元，占全国销售总额的63%。

彩色电视机：全国产量为17233.10万台，出口量为8129.88万台；广东产量为8399.76万台，出口量为5098万台，分别占全国的48.74%、62.71%。

家用空调器：全国产量为18039.75万台，出口量为5177.63万台；广东产量为5374.97万台，出口量为3333.86万台，分别占全国的29.80%、64.40%。

家用电冰箱：全国产量为8670.27万台，出口量为3012.66万台；广东产量为1556.37万台，出口量为976.70万台，分别占全国的17.95%、32.42%。

◎据海关统计，2017年，广东出口家用电器产品人民币1884.1亿元，同比增长10.8%。2016年3月以来，广东家电出口一直保持增长态势，2017年5月出口190.8亿元，创历史新高。

◎广东家电行业2016年度产品销售总额已超过8620亿元，约占全国家电产品销售总额的59%，产品远销世界210多个国家和地区。这些企业包括2016年度产品销售额超过千亿元的美的集团、TCL集团和格力电器。

◎在实施“十二五”规划中，广东家电行业及时抓住了全球产业转移的历史机遇，承接了世界家电制造业转移，使很多家电产品在国际市场中的竞争力大大提高。根据广东省家电商会的统计，2011年度广东家电产品的销售总额已超过5600亿元，占全国家电产品累计销售总额10840亿元的52%，生产经营达到了历史最好水平。在出口方面，2011年度广东家电行业出口值为271.4亿美元，比上年增长13%，约占全国家电行业累计出口值的57.46%。

◎在2000年国家工商局认定的23个家电业驰名商标中，广东省白色家电占有5个，在全国各省区中数量最多、行业地位也最稳定。

◎在2000年度出口额1000万美元以上家用电器企业名单上共有22家，其中广东有广东格兰仕企业（集团）公司、广东美的企业集团、广州万宝集团有限公司、珠海格力电器股份有限公司、国信华凌集团有限公司、江门金羚企业集团有限公司等6家。

◎顺德档案馆资料显示，顺德家电产量在20世纪90年代得到迅猛增长。电冰箱从1990年的30.05万台增长到1999年的265.40万台；空调从1990年的1.14万台增长到1997年的237.14万台；燃气具从1990年的131万台增长到1994年的502万台；洗衣机从1992年的1.24万台增长到1999年的31.12万台；微波炉从1992年的44.18万台增长到1999年的590.19万台。

◎2005年顺德家电产值752.07亿元，超过全国家电业总产值的10%，占全区工业总产值的37.5%，如加上配件类企业产值，该比例可达50%。2005年顺德出口贸易总额85.5亿美元，其中家电出口占全区总出口的半边天。顺德区经济促进局的数据显示，自2006年获评为“中国家电之都”以来，顺德家电产业销售收入从原来的不足千亿元到2010年已达2095亿元，增长了100%。

“粤家电”改革开放40年动力变革大事记

1980年

康佳集团成立，前身是“广东光明华侨电子工业公司”。

美的开始制造风扇，进入家电行业。

1985年

中国第一代后制式燃气热水器在顺德县石油气具厂（万家乐的前身）研制出来，后正式以万家乐品牌上市

1988年

第一台国产分体壁挂机空调——KF-19G1A“雪莲”在华宝空调厂诞生，开启了中国家用空调行业的一个新时代，这一里程碑式的事件标志着中国空调行业的发展迎来了第一个高峰。

1989年

万家乐邀请汪明荃作为万家乐形象代言人，开中国家电企业明星代言

先河，“万家乐，乐万家”的知名度直线上升，销量猛涨。

1990年

广东珠海压缩机厂生产的空调压缩机成功出口，这是中国压缩机行业首次打入国际市场。

1993年

美的集团成立并完成了内部改制成功上市，成为第一家上市的乡镇企业。

1996年

长虹向全国发布了第一次大规模降价的宣言——降低彩电价格8%至18%；两个月后，康佳跟进，打响了彩电业历史上规模空前的价格战。

1996年

格力电器股票在深圳交易所上市。

1999年

作为中国家电企业国际化中第一个吃螃蟹者的TCL在香港成功上市。

2005年

“全球最大专业化空调研制基地”落户格兰仕。

2006年

顺德被授予“中国家电之都”称号，所辖的北滘镇同时被授予“中国家电制造业重镇”称号。

2016年

美的集团半年内启动三项跨国并购。包括收购东芝白家电股权、收购德国库卡、与Clivet达成战略合作协议。

2016年

美的集团以221.73亿美元的营业收入首次进入《财富》世界500强企业名单，位列第481位。

2018年

《财富》世界500强企业排行榜发布，美的集团再次入围，位列第323位。

（彭琳　唐柳雯　龚鸣　潘诗雅）

60秒看广东经济40年

谁是广东第一“高”“富”“帅”？

《60秒看广东经济40年》是南方报业首档竖屏短视频栏目《船说广东》的年度特别出品，由南方网红肖文舸工作室精心打造。

为了让观众最高效接受到有趣有用的信息，我们精细生产、反复打磨，以小见大、见微知著，从“第一高”、“第一富”、“第一股”（帅在哪里，视频里找）中一览40年来广东经济发展的精彩故事。

1978年，中国改革开放的伟大征程拉开了序幕。得改革开放先机的广东在历史的跑道上奋勇争先，生机勃勃。在那个年代，广州白云宾馆以120米的高度荣膺“中国大陆第一高”；广东中山农民黄新文成为中国第一个农村万元户；新中国第一只股票也在广东诞生。

2018年，广东活力不减，孕育着越来越多的“第一高”“第一富”与“第一股”——

广东城市的天际线被无数高楼大厦撑起，愈发丰满美丽，第一楼高被深圳平安金融中心刷新为600米。

超棒的营商环境和市场使这里成为顶天立地大企业和铺天盖地小企业都青睐的热土：最新的“2018年富豪榜”的Top10中有6个公司总部都在广东；广东也是全国首个实有市场主体总量突破1000万户的省份。

2017年底广东以568家A股上市公司居全国第一，比第二名多了154家；广东上市公司总市值突破10万亿元，仅次于央企聚集的北京。

40年间，这些“第一高”“第一富”与“第一股”是如何涌现出来的？孕育它们的广东有什么秘诀？《60秒看广东经济40年》给你答案！

60秒看广东经济40年①第一高：

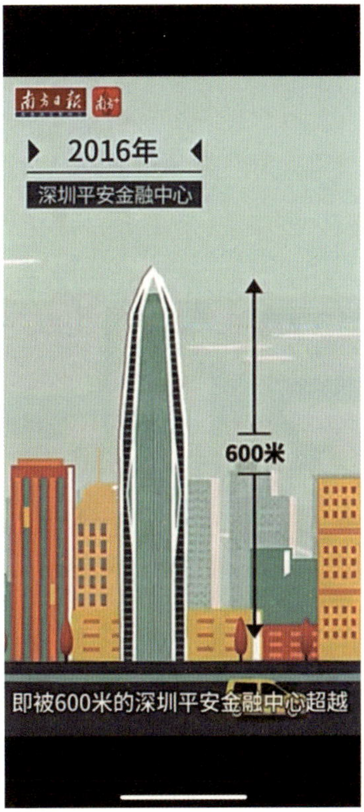

欢迎收看《60秒看广东经济40年》！我是肖文舸。

第一期我们来看广东改革开放40年来历任第一高（楼）。

早在1976年，120米的广州白云宾馆成为“中国大陆第一高”。

1985年，160米高的深圳国际贸易中心大厦被誉为“中华第一高楼”。

1991年，高200米的“63层”（广东国际大酒店）成为新的“Top1”。

1996年后，深圳“地王大厦”（深圳信兴广场大厦）以384米成为中国第一高。

此后，第一高度易主日渐加快。

1997年，广州中信大厦以6米的微弱优势取而代之。

2010年，广州国际金融中心（“西

塔”）以441米拿下“广东第一高”。

一年后，“京基100”在深圳以442米的高度夺魁，比前任只高了1米！

2016年，广州周大福金融中心（“东塔”）以530米成为广东第一高。不过，5个月后，即被深圳平安金融中心以600米超越。

扫二维码看广东经济40年“第一高”

改革开放40年来，广东奋勇争先，挑战前所未有，创造了今日的风采。未来还有多少“第一高”？我们一起期待。

下一期，“第一富”了解一下？

60秒看广东经济40年②第一富：

欢迎收看《60秒看广东经济40年》！我是肖文舸。

这一期我们来看改革开放以来广东的“第一富”们。

1979年，广东诞生了中国第一个农村万元户——中山农民黄新文。

当时，任正非在当兵；许家印刚上大学；马化腾8岁；杨惠妍还没出生……

不曾想，此后40年，在广东这片热土，这些人创造了巨大的价值和财富。

1987年，任正非创立华为，虽然他未拿过“首富”，但华为的成长，相信大家秒懂——在最新的世界500强中，华为是排名最高的中国民企，也是“2018全球最有价值品牌”榜上唯一的中国品牌。

1996年，许家印创立恒大；21年后（2017年），他以2900亿元成了中国首富。

1998年，马化腾和几个朋友一同创立腾讯；2018年，他以2950亿元成了中国首富。从创业到成为首富，他只用了20年。

2007年，碧桂园的“80后”杨惠妍成了中国女首富。2018年，37岁的她第六次拿下这个称号。

扫二维码看广东经济40年“第一富”

40年来，广东各地还涌现出很多“富”——

除了较资深的王传福（深圳比亚迪）、何享健（佛山美的）、张佛恩（东莞龙泉）等，也出现了汪涛（深圳大疆）等年轻一代创业者。

福布斯在2017年曾盘点中国最有钱的400个亿万富豪和他们的居住地，发现广东住着84位超级富豪，占比超两成，比第二名的北京多了将近20个。

而最新的“2018年富豪榜”中，虽然首富易主，但Top10有6个富豪的公司总部都在广东！（这些富豪分别是：许家印、马化腾、杨惠妍、何享健家族、王卫、王文银家族。）

今天这一期我们有个彩蛋：广东不仅首富多，活鱼也多。

2017年底，广东实有市场主体数量突破1000万户，成为全国首个破千万的省份。顶天立地大企业和铺天盖地小企业都能在这儿茁壮成长，离不开广东超棒的营商环境和市场，吸引着一代代优秀人才不断前来创造财富。

说完了“高”和“富”，下一期我们会说“帅”吗？敬请期待！

60秒看广东经济40年③第一股：

欢迎收看《60秒看广东经济40年》！我是肖文舸。

这一期我们看改革开放以来广东“第一股”。

1983年，新中国第一只股票在广东诞生了。不仅催生了第一个股份制企业“深宝安”，也开了国有企业股份制改革的先河。

1987年深圳发展银行成立，1991年在深交所挂牌上市，它是新中国第一家公开发行股票上市的商业银行，股票代码0001。

1988年万科完成股份制改造，3年后在深交所挂牌上市，代码0002，

扫二维码看广东经济40年“第一股”

这也是国内首家上市的地产公司。

没错，广东开风气之先，很多广东第一就是全国第一，确实也是很帅的。

这里有新中国第一家证券公司——深圳经济特区证券公司，第一家上市的乡镇企业——于1993年上市的顺德美的电器，也有“中国动漫第一股”——于2009年上市的奥飞动漫，以及“中国乐器第一股”——于2012年上市的广州珠江钢琴等。

40年来，广东上市公司数量也在攀升。截至2017年底，广东以568家A股上市公司居全国第一，比第二名多了154家；从总市值看，突破10万亿元，仅次于央企聚集的北京。

改革开放后，广东资本市场逐渐发展壮大。我们期待未来更多的“第一股”，在这里焕发新的生机。

谢谢你的60秒，我们下一季再见！

（肖文舸　肖苒　陈美影　聂远格）

广东8家企业获得中国质量奖及提名奖

质量提升“组合拳”助推经济高质量发展

2018年11月2日，第三届中国质量奖颁奖大会在北京举行，广东共有8家企业获奖，收获历年来最好成绩。其中，珠海格力电器股份有限公司荣获中国质量奖，蒙娜丽莎集团股份有限公司、广州立白企业集团有限公司、招商局港口发展（深圳）有限公司、大亚湾核电运营管理有限责任公司、深圳顺丰泰森控股（集团）有限公司、广东省中医院、中国人民解放军第四八零一工厂黄埔军械修理厂等7家企业获提名奖。

质量是引领经济发展的标杆，是一个国家和地区综合实力和竞争力的重要体现。近年来，我省深入实施质量强省战略，扎实开展质量提升行动，全面加强质量监管，深化质量领域改革，推动全省质量总体水平不断提升，加快推动我省从制造大省向制造强省转变、广东制造向广东创造转变、广东速度向广东质量转变。

严把质量关

塑“广东优质”品牌

“质量关乎着两条生命，一条是消费者的生命，一条是企业生命。”颁奖仪式现场，格力电器董事长董明珠说。

作为“中国制造”走向世界的一张标志性名片，格力把“质量”放在第一位，提出“没有售后服务的服务是最好的服务”，持续强化格力内部的质量提升。据介绍，目前，格力一年售出的空调超过6000多万台，是23年前的成百上千倍，但是维修率几乎跟过去持平，甚至更少。

获得提名奖的蒙娜丽莎集团董事长萧华则表示，质量是品牌的基石、是企业的生命。把陶瓷与艺术、绿色、智能相融合后，独创的生活美、生态美、业态美“三美”模式，是蒙娜丽莎拿奖的秘诀。在质量管理方面，公司通过建立全员、全过程、全产业链的质量责任体系，形成了以“艺术、绿色、智能”为核心的质量战略。

值得注意的是，与前两届相比，广东在2018年的中国质量奖评选中不仅获奖企业数量更多，覆盖面也更加广泛。从获奖企业类型来看，既有珠海格力等国有企业，又有广州立白等民营企业，还有社会组织、国防工业及武器装备组织，充分体现了广东市场化程度高、市场主体活跃、民营经济发达的特点。从覆盖领域看，既有制造业企业，又有核电运营服务、物流服务、港口综合服务等服务业企业，还有广东省中医院这种医疗机构。在广东这片改革开放的先行地，通过质量提升带动品牌效益、结构转型，推动经济高质量发展，已成为企业的共识。

与此同时，政府也打出“组合拳”，开展质量提升一站式综合服务、

□ 第三届中国质量奖颁奖大会在北京举行，广东共有8家企业获奖，收获历年来最好成绩

打造“广东优质”品牌，培育更多质量过硬、口碑良好的广东企业。据广东省市场监督管理局介绍，近年来，广东大力实施重点产品质量比对研究提升工程。在全国率先对智能马桶盖等16类重点产品，与国际知名品牌产品开展实物比对、标准比对等，从设计研发、生产制造、检验检测、销售使用等方面查找行业“通病”和质量“短板”，制定质量技术升级路线，在相关行业推广应用，推动修订相关标准11项，协助企业申请专利13项。推动193家企业参与“百城千业万企对标达标提升专项行动”，10个市入选全国第一批参与行动城市名单，占全国的近1/3。

同时，关注战略性新兴产业的质量提升。据了解，省市场监督管理局先后组织编制了工业机器人、物联网、无人驾驶、4K电视网络等产业标准体系规划与路线图，引领新兴产业标准体系建设，支撑新旧动能转换。目前，我省建成或在建的战略性新兴产业领域国家质检中心达43家，为产业技术研发、质量提升、走出国门提供了有力支撑。

企业是提升产品质量的主体，为保障企业稳步提升质量、攻破技术难关，省市场监督管理局开展质量提升一站式综合服务。通过引导技术机构面向产业链集成科研、信息、商务、金融等资源，为企业质量提升提供一揽子解决方案和一站式综合服务，组建服务队沉到生产一线，打通质量技术服务“最后一公里”，累计服务中小微企业13万家，减免委托检测费用8285万元，免费培训近3万人次。

强化质量管理

树“广东质造”标杆

从世界发达国家的成功经验来看，当经济社会发展到一定程度、一定时期，往往把质量发展上升为国家战略来实施，设立政府质量奖励制度是其中的重要标志。2012年，中央批准设立中国质量奖，作为我国质量领域的最高荣誉，每两年评选一届，授予为建设质量强国做出突出贡献，在创新质量管理、提升供给质量方面具有显著示范带动作用的组织和为提高我国行业和地方质量水平做出突出贡献的个人。

2008年，为建立质量领域的政府激励体系，推动全省企业提高质量管理水平，我省借鉴国外先进经验，设立了广东省政府质量奖，成为首个获中央批准设立省级政府质量奖励制度的省份。

据省市场监督管理局介绍，10年来，我省共开展五届广东省政府质量奖评选，选出42家广东省政府质量奖获奖企业，在引领企业提升质量管理水平和竞争力，推进质量强省建设方面发挥了重要作用，为我省经济社会持续健康发展提供了坚实支撑。

其中，最为显著的是“广东质造”标杆企业示范效应不断扩大。中国质量奖和广东省政府质量奖形成了“高标准、严要求、国际水准、好中选优”的评定体例，建立起以中国质量奖、省政府质量奖为“龙头”、各市级政府质量奖为枝干的政府质量奖体系，评奖范围也由制造业向服务业和建筑业扩展，由大型企业向中小型企业扩展，从商业机构向非营利机构、公共服务机构扩展，实现了对各地区、各产业的充分覆盖。

同时，品牌培育成果显著。华为和格力分获中国质量奖，格兰仕、美的制冷等10家企业获中国质量奖提名奖，共有42家产品、服务、经营质量和自主创新能力、市场竞争力等在国内外处于领先地位，并对广东省经济社会发展做出卓越贡献的企业获奖，为我省广大企业树立了标杆。

此外，质量管理水平稳步提升。全省共有186家次企业参评省政府质量奖，覆盖制造、旅游、通信、公共服务等多个行业，产生了“精细化管理”“矩阵化管理”“班组卓越绩效”等一批本土管理创新成果，建起了一支由200多名各领域专家、名优企业管理者组成的质量管理专业队伍，累计举办专题培训273期，参培人员超过2万人次，推动企业管理的国际化、现代化进程进一步加快。

➔五大抓手

从广东速度向广东质量转变

广东在中国质量奖评选中取得的优异成绩，是近年来深入贯彻高质量发展要求、全力实施质量强省战略、加强品牌建设成果的一个缩影。

2016年，我省在全国率先出台《关于实施质量强省战略的决定》，将质量强省建设上升为经济社会发展的全局性战略。随后，印发《关于开展质量提升行动的方案》，部署提升重点领域质量水平；将质量强省纳入“十三五”规划纲要，将质量强省建设与实施创新驱动发展战略、推进供给侧结构性改革等重点战略深度对接。

质量提升已成为推动经济高质量发展的有力抓手。2017年，我省中国驰名商标数、商标有效注册量、有效发明专利量和PCT国际专利申请量等指标稳居全国首位，制造业产品质量合格率达97.6%，大中型工程一次验收合格率达99%以上，服务业消费者投诉率逐年下降，主要污染物排放总量持续减少。

同时，通过抓质量基础，助推产业转型升级。据悉，目前全省共建有国家计量基准3项、大区级计量标准197项、社会公用计量标准5099项，社会公用计量标准数居全国第一。在高新区、产业园、专业镇和产业集群新建64个公共检测服务平台，总数达110个，促进区域经济发展。全省系统建成或在建国家质检中心63个、省质检站224个，国家质检中心数连续多年位居全国第一。

产品质量不仅关乎企业的生命，更关乎消费者的安全。为保障消费者合法权益，省市场监督管理局全面加强风险管理、隐患排查、伤害监测、质量追溯体系建设，严厉打击侵犯知识产权和制假售假等质量违法行为，仅2016—2017年，全省通过监督抽查将8127批次不合格产品清出市场，召回缺陷消费品542.6万件，查办制假售假案件9.4万多宗，涉案货值48.4亿元。

数读

广东质量提升

质量总体水平稳步提升

◎2017年，我省中国驰名商标数、商标有效注册量、有效发明专利量和PCT国际专利申请量等指标稳居全国首位，制造业产品质量合格率达97.6%，大中型工程一次验收合格率达99%以上。

质量基础设施建设成效显著

◎全省共建有国家计量基准3项、大区级计量标准203项、社会公用计量标准5085项，社会公用计量标准数跃居全国第一。

◎全省国家级质检中心达63个、检验检测实验室达2644家，均居全国第一。

质量安全保障能力不断提升

◎仅2016—2017年，全省通过监督抽查将8127批次不合格产品清出市场，召回缺陷消费品542.6万件，查办制假售假案件9.4万多宗，涉案货值48.4亿元。

标准化改革成效突出

◎全省共主导或参与制修订国际标准1443项、国家标准5124项、行业标准4251项。

◎获批筹建5个国家技术标准创新基地，居全国第一。

◎首创标准联盟建设，建立标准联盟406个。

（王佳欣　刘倩　粤市监）

我省出台开展质量提升行动方案，推动“品质革命”

实现从广东产品向广东品牌转变

2018年9月28日，记者从广东省质量大会暨国家标准化综合改革试点建设工作会上了解到，我省《关于开展质量提升行动的方案》（以下简称《方案》）和《广东省国家标准化综合改革试点建设方案》已于近日出台。

《方案》明确，要坚持以质量第一、效益优先为价值导向，以满足人民日益增长的美好生活需要为根本目的，以企业质量提升为主体，以改革创新为根本途径，对标国内外最优最好最先进，大力开展质量提升行动，加强全面质量管理，全面提升质量水平，推动“品质革命”，推动经济发展质量变革、效率变革、动力变革，为实现“四个走在全国前列”、当好“两个重要窗口”提供质量支撑。

打造质量创新的先行地

《方案》提出，到2020年，要把广东建设成为全国质量发展的排头兵、质量创新的先行地、质量探索的实验区。同时，实现产品、工程、服务和质量全面提高。主要工业品质量达到国际先进水平，重点领域主要消费品与国际标准一致性程度超过95%，农产品质量安全例行监测总体合格率超过96%。

《方案》提出，要实现从广东产品向广东品牌转变，进入世界500强的企业超过5家；获中国质量奖、中国建筑工程鲁班奖、全国优秀工程勘察设计奖、大禹水利科学技术奖等企业或组织分别达到10家、15家、20家、6家；通过“广东优质”品牌认证产品超过100个。

在产业发展质量提升方面，《方案》明确要在全国率先构建以实体经济为主体、以科技创新为引领的现代产业体系。制造业质量竞争力指数超过90，稳居全国第一梯队。传统优势产业开展技术改造企业比例超过90%，全员劳动生产率超过25万元/人。战略性新兴产业增加值占地区生产总值比重达16%，高技术制造业增加值占规模以上工业比重超过30%，现代服务业增加值占服务业比重达到63%，高于全国水平。科技产业创新能力全国领先，产业技术自给率超过75%，每万人发明专利拥有量超过20件。

推动粤港澳大湾区质量共建

此《方案》结合我省实际，部署了环境质量提升、区域质量提升、粤港澳大湾区质量合作三方面内容。

环境质量提升方面，《方案》提出，着力从质量标准入手打好污染防治攻坚战，以流域控制单元为基础系统推进精准治污。全面实施城市空气质量达标管理，树立一批标杆城市，鼓励先行达到更高的空气质量标准。深化珠三角区域大气污染联防联控，建立粤东“汕潮揭”城市群大气污染联防联控机制。

区域质量提升方面，《方案》提出，要在专业镇、产业集群推行以标准为纽带的产学研联盟建设，制定实施先进的企业联盟标准，带动区域产业质量整体提升。挖掘区域特色资源，大力发展地理标志产品。围绕产业转移、产业共建，建设质量提升公共服务平台，发挥优质资源集聚优势促进粤东粤西粤北地区振兴发展。

粤港澳大湾区质量合作主要是推动粤港澳大湾区质量共建。《方案》明确，建立多元质量合作机制，推进粤港澳服务贸易自由化、便利化。加快质量基础设施互联互通，推动粤港澳地区高等院校、科研院所、企业等合作开展质量技术研究与核心技术攻关。

鼓励将质量评价作为融资授信参考

为改革完善质量发展政策和制度，《方案》提出，从制度、财政金融、人才、激励等方面加强政策支持。在加强质量制度建设方面，探索出台质量促进的地方性法规，强化对质量创新的鼓励、引导、保护，帮助自主创新的产品快速进入市场。完善缺陷产品召回制度，建立产品质量安全事故强制性报告制度、产品质量风险监控及风险调查制度。率先建立健全产品损害赔偿、产品质量安全责任保险和社会帮扶并行发展的多元救济机制。

《方案》明确，要加大财政金融扶持力度。完善质量发展经费多元筹集和保障机制，鼓励和引导更多资金投向质量攻关、质量创新、质量品牌、质量治理、质量基础设施建设，为质量提升提供必要的经费保障。实施好首台（套）重大技术装备保险补偿机制。鼓励金融机构将质量水平、标准水平和品牌价值的评价结果作为融资授信参考因素。

（王佳欣）

第二章 突围之思

一年内7个“百亿美元”项目落户！南方日报发布评估报告为您揭晓——

广东营商环境吸引力在哪？

“东西南北中，发财还是到广东！”

2018年10月10日，在第十五届中博会高峰论坛上，南方日报南方经济智库与中博会组委会秘书处联合发布《广东营商环境评估报告（2018）》（简称《评估报告》）。

这是南方日报智库产品近年首次在国际高端论坛上大篇幅演讲发布。活动现场，联合国官员、多个国家部长、我国工信部及兄弟省市、知名企业家、商协会人士纷纷关注《评估报告》。

近3年，广东新增6家世界500强企业，背后的政策动力是什么？近一年来，7个“百亿美元”级项目密集落户，广东吸引力何在？2018年1—7月，瑞典、英国、日本、德国等发达国家在广东投资分别增长12.7倍、93.8%、52.8%、49.1%，是什么让广东受到外资青睐？对此，《评估报告》一一揭晓。

亮点1

良好营商环境与高质量发展相互促进

《评估报告》聚焦战略性新兴产业，关注民营经济发展，围绕其中的“头部企业”等展开调研，重点分析中小企业发展现状和各类政策效果，总结成效、查找问题、提出建议，推动政策落实。

《评估报告》显示，2017年底以来，广东省在贯彻落实党的十九大精神的过程中，密集出台了“实体经济十条”“外资十条”等含金量很高的政策。这些政策充分体现了“广东特色”——坚持问题导向、需求导向、结果导向。

数据

1. 问题导向

“实体经济十条”修订版：解决企业用地成本问题。

“外资十条”修订版：解决外资企业财税、用地、引进人才等突出问题。

2. 需求导向

开办：广东自贸试验区企业开办时间为5个工作日内，走在全省前列；到2018年底，全省都将达到这一目标。

审批：广州市、深圳市政府投资类工程建设项目审批时间压缩至90个工作日以内。

纳税：仅城镇土地使用税一项，预计2019年全部到位后，年减税可达

80亿元。

3. 结果导向

2018年上半年，广东先进制造业增加值占全省规模以上工业增加值比重达55.7%，对规模以上工业增加值增长贡献率达74.4%。

➔亮点2

良好营商环境加速现代化经济体系建设

《评估报告》指出，全球高端经济要素加速在广东聚集。近一年来，埃克森美孚、巴斯夫、华星光电、富士康、中科炼化等企业的7个“百亿美元”级大项目密集在广东落户、建设。

广东企业的发展态势也很好，近3年新增6家世界500强企业，均为民营企业，市场活力与内生动力增强的势头日益凸显。同时，战略性新兴产业新增长点正在构建。

数据

1.2018年，广东12家企业入围世界500强，总量居全国第二。

2.2018中国企业500强区域研发强度排名中，广东企业以3.3%的研发强度在所有区域中明显领先。

3.广东数字经济指数排名全国第一，海洋经济生产总值连续23年全国第一，生物产业产值预计2020年达6000亿元，新能源汽车保有量超过20万辆。

➔亮点3

良好营商环境为形成全面开放新格局创造新优势

《评估报告》显示，良好的营商环境进一步带动外商投资。2018年7月，中国首例重化工行业外商独资项目落户广东，德国巴斯夫集团宣布将其全球第三大精细化工一体化基地落户湛江。这是广东率先放宽外资准入的亮点。

粤港澳大湾区是广东进一步提高开发水平的重大机遇。广深港高铁开通了，港珠澳大桥通车了，大湾区“1小时生活圈”逐步形成。

调研中，华南美国商会、中国欧盟商会企业认为，广东营商环境有很大提升，“外资十条”等政策有力提振信心。香港4个主要商会认为，粤港澳合作前景更加令人期待。

数据

1.2018年1—7月，广东实际利用外资889.3亿元、增长3.1%。

2.2018年1—7月，瑞典、英国、日本、德国等主要发达国家在广东投资增速很快，分别增长12.7倍、93.8%、52.8%和49.1%。

3.2018年上半年，香港地区在广东实际投资621.5亿元，占全省的比重为78.6%，仍是广东最大的投资来源地；澳门地区实际投资同比增长83%。

亮点4

“数字政府”建设为优化营商环境装上新引擎

《评估报告》指出，广东率先开展“数字政府”建设，为优化营商环境装上新引擎。2018年5月上线的“粤省事”小程序，就是其中的重要创新成果。上线仅前3个月，已推出12种高频证照应用，提供266项审批事项和便民政务服务。

“粤省事”还与广东权威信息发布平台南方+客户端实现了无缝连接、紧密联动，优势更加明显。2018年9月30日起，南方+用户可从客户端直接进入“粤省事”办事。南方+传播能力和“粤省事”服务能力有机融合，将最大限度释放“数字政府”改革红利，不断增强企业和群众的获得感。

数据

1.“粤省事”266项服务中，110项事项实现零跑动，156项事项最多跑一次。

2.“粤省事”266项服务共减少表格数据项填写2064项，少填量为47.7%；减少申请材料586份，少报量为57.37%；减少事项跑动255次，少跑量为51.9%。

3.按往年同期业务量估算，可少跑4.1亿人次。

（陈晓　苏力）

商务部原副部长、中国国际经济交流中心副理事长魏建国：

广东可利用五大优势实现更高水平开放

2018年7月10日，《南方日报》报道省委、省政府办公厅印发《广东省深化营商环境综合改革行动方案》，致力解决营商环境优势相对弱化等问题，激发活力、改善环境、降低成本，营造稳定公平透明、可预期的营商环境。

商务部原副部长、中国国际经济交流中心副理事长魏建国11日接受南方日报记者专访时说，广东应以全球视野、战略眼光制定长远发展目标，努力打造“引进来走出去”最佳、法治化水平最高、知识产权保护最好、改革成本和企业运营成本最低的营商环境。争取若干年后形成较大范围的自由贸易港，实现更高质量、更有效率、更加公平、更可持续的发展。

中国高质量发展呼唤一流营商环境

魏建国认为，打造全球一流的营商环境，是新时代中国改革开放的迫切需要。

在他看来，中国改革开放历经建设经济特区、加入世界贸易组织两大阶段，现已迎来以“一带一路”建设为核心的第三阶段。此时，中国经济由高速增长转向高质量发展阶段，将彻底告别过去单纯依靠规模扩张发展的旧模式，进入更加注重质量和效益、以创新和可持续发展为目标的新阶段。

“经济发展新动力全靠一次次开放倒逼改革而形成。”魏建国表示，未来能否以开放促改革、打造全球一流营商环境，能否构建全面开放新格局、发展更高层次开放型经济，将是中国经济能否顺利转向高质量发展的关键之一。

“深圳的成功经验与危机启示充分印证了这一点。”魏建国说，改革开放促使深圳成为全球加工贸易重要基地，经济突飞猛进，但2008年全球金融危机对深圳的冲击敲响警钟：单开放某些领域不行，要实现多领域开放；单从企业创新入手不行，政府服务要跟上；低水平的开放不行，只有全方位、高质量的开放才能带来经济高质量的发展。

魏建国表示，这要求中国实行更高水平的改革开放，通过打造全球最好的营商环境，来促进质量变革、效率变革和动力变革，优化经济结构，转换增长动力。

五大优势有望助广东率先“突围”

号角已响，谁最有可能率先突围？

“广东有理念、有基础、有能力达到世界一流标准的营商环境。”魏建国认为，《财富》全球论坛选择落户广州是有力证明。

魏建国指出，广东拥有理念转变快、动能转换强、实体经济基础好、人才科教资源丰富、制度环境优等五大优势。

在他看来，改革开放从广东、从设立经济特区开始，为广东人埋下了开放的基因与革命的精神，使其思考得快、转变得快、理念转换得快。同时，广东受两次金融危机影响甚深，却善于从危机中寻求转型，更加坚定地发展实体经济、推动产业转型升级、促进新旧动能转换；实体经济基础较强，尤其是在粤港澳大湾区规划即将出台、建设不断加快的基础上，以城市群为核心的湾区经济将助力广东实现新飞跃。

“广东拥有粤港澳大湾区的人才优势与科教优势。”魏建国指出，未来广东在吸取港澳人才与科教优势后，必将发展成全国一流的人才高地。“一是以华为、大疆、华大基因等企业人才为代表的本土优秀人才，二是以海外归国留学人才为主的高层次人才，三是世界500强、跨国企业技术高管等外籍高端人才。”

此外，广东在政府服务和制度建设上已有较好基础。魏建国认为，广东尊重知识、尊重人才、尊重各类企业，致力于为企业提供权利平等、机会平等、规则平等的制度环境，政府态度友好；行政支出成本和市场运营成本低，并初步营造了稳定、公平、透明和可预期的营商环境，给予企业长期发展的信心。

对标自贸港实现更高水平开放

魏建国直言，广东应先着力加快粤港澳大湾区全面发展，同时着力提升营商环境水平，最后争取在若干年后形成较大范围的自由贸易港。“我认为，广东要有战略眼光和长远目标，不必计较眼前一城一池的得失。”

立足优势、认清软肋，广东应树立哪些新目标？魏建国认为，广东要适应全球化发展，着力形成“引进来走出去”最佳、法治化水平最高、知识产权保护最好、改革成本和企业运营成本最低的全球一流营商环境，从而激发全社会创造力和发展活力，努力实现更高质量、更有效率、更加公平、更可持续的发展。

对标全球最佳，广东应如何作为？

引进全球先进制造业和现代服务业龙头企业是衡量营商环境优劣的重要标准之一。“苹果、IBM、联邦快递等企业如果建立亚太总部，会选择广东吗？我认为很有可能，广东最大的底气是市场，是联动东西的开放优势。”魏建国说。

魏建国希望，未来一些国际金融组织、国际治理组织、联合国下属机构的总部等能在广东落户。广东不仅要吸引跨国企业总部落户，还应借助粤港澳大湾区的力量，推动有分量的国际组织落户。

“下一步要继续大胆闯、大胆试、自主改。”魏建国建议，一方面可借助粤港澳大湾区体制机制创新优势，率先探索与英国金融城合作、与欧盟先进制造业、与“一带一路”沿线国家和地区特别是非洲的合作；另一方面，通过开放倒逼改革，进一步降低实体经济成本、降低各类资本和市场主体进入广东的门槛。

“更重要的是，广东要提升法治化水平，实现‘一切靠法运作’。”纵观新加坡、中国香港、荷兰鹿特丹、爱尔兰等地自由贸易港，其法律制度非常健全完善，人人皆能依法办事。广东要对标这些自由贸易港，实现规则平等、权利平等、机会平等。

其中，知识产权法律保护尤为重要。魏建国建议，广东的目标应是在同一个法律框架下，企业在广东侵犯知识产权的代价要比国内其他地区更高，要加大力度并综合运用多种惩罚手段，让企业“不敢再犯”。

此外，广东还要打造成年轻人“实现梦想和人生价值的天堂”。魏建国认为，一线城市应当适当将老人学习、娱乐、健康、养老的设施移至非核心区，更多把城市中心的发展空间留给年轻人，减轻年轻人实现梦想的负担。

（陈晓　苏力）

荷兰史基浦机场海关关长、鹿特丹港海关副关长建言优化贸易通关环境：

以海关为突破口 粤可扩大与欧盟合作

贸易是企业生命周期的重要环节，优化贸易环境是改善营商环境的重点之一。《广东省深化营商环境综合改革行动方案》正式印发，提出压缩通关时间、降低贸易成本等多项举措。

海关是全球货物进出口的“第一道关”。广东是我国改革开放先行地、试验区。广东省内海关如何对标世界先进海关最高标准、最好水平，优化企业通关与贸易体验，助力我省在全国率先探索建设全球一流的营商环境？

为此，南方日报记者专访欧洲第一大海港荷兰鹿特丹港海关副关长艾哈迈德•坎苏、欧洲第三大空港荷兰史基浦机场海关关长杨坎普。目前，两个海关已与广州海关开展深度合作。

“广东正全方位引入世界先进海关的智慧技术，不断扩大‘国际朋友圈’。”两位专家建议，下一步，广东海关可探索政策制定的政企学“三角合作”机制，并推动在全省范围扩大“中欧安全智能贸易航线试点计划”（以下简称“安智贸”）试点，加强国际合作，提升贸易便利化水平。

2017年两海关人均处理近1.24亿欧元货物通关

从“海关人”的视角看营商环境，杨坎普最深的感受是：“通关更快更方便，企业来这里做生意才做得顺心。”

荷兰拥有400年对外贸易历史，其中鹿特丹港是欧洲最大海港、史基浦机场是欧洲第三大空港。“每年进口欧盟的货物有30%是在这两个港口海关通关，这么大的货物通关量全部由4500名海关人员处理。”杨坎普说。

欧盟统计局数据显示，欧盟28个成员国2017年商品进口总额为18535亿欧元。换言之，2017年从这两个海关进入欧盟的货物总金额约5560亿欧元，平均每个海关人员须处理近1.24亿欧元货物的通关，通关效率之高由此可见。

作为欧洲通关便利化和智慧化程度最高的港口之一，史基浦机场海关是如何做到的？杨坎普介绍，史基浦机场海关首创了“智慧门（Smart Gate）”联合查验，在全球边境协调管理领域处于领先地位，其现代海关管理技术也是世界海关组织中的典范。

“我们可以做到大部分货物无须人工查验就能放行，小部分货物从查验到通关也仅需几个小时。”杨坎普说，装有扫描监控设备的无人机只须绕着货运飞机转一圈，就能完成查验，真正实现了空运货物监管的可靠性、便利性、高效率和低成本。

此外，该关还在史基浦机场内设立了集中查验中心，海关、健康、卫生、危险品检查等部门在其中联合办公，为企业提供“一站式、一次性”

服务。

“鹿特丹港海关的扫描检测技术同样领先世界，扫描火车货物时火车甚至不需要停下。”艾哈迈德说，火车通过检测区域的同时，数十公里以外的海关在后台即可实时收到集装箱内货物的图像，立即开展远程监控分析。据悉，鹿特丹港不久后也将像史基浦机场一样建立联合查验中心，实现货物“一站通关”。

广东优势

海关国际合作走在前列

“在中欧推动贸易便利化合作方面，中国和荷兰走在了前列。”杨坎普表示，尤其是广东正全方位引入世界先进海关的智慧技术，不断扩大“国际朋友圈”，通过国际合作提升贸易便利化水平。

其中，荷兰海关与广州海关的关际合作已有5年，成果丰硕。杨坎普说，2017年两关合作启动了“安智贸”的首条空运航线。空运货物向荷兰海关申报出口后，货物信息将立即传送给远在欧亚大陆另一端的广州海关。“货物还在天上飞，通关流程已启动。”

“2018年3月，我们又和广州海关合作开设了鹿特丹港与南沙港之间的‘安智贸’海运航线。”艾哈迈德说，目前荷兰企业对此非常期待，希望通过广东这个窗口，更加便利、更大规模地进入中国市场。

荷兰两位关长认为，海关的第一职责是通过有效执法保证国家贸易安全，在此基础上积极推动贸易便利化，使合法经营的企业享受最优的通关环境。“广东在这些方面卓有成效，尤其是智慧监管方面的发展速度，令人嫉妒。”

他们表示，近几年，广东省内海关一直积极推动通关领域改革，加快实现有效监管、缩短通关时间、提升通关效率，进一步优化了营商环境。“荷兰有‘一站式通关’服务，广东则推广‘单一窗口’。两者异曲同工，希望在接下来的合作中互相学习、取长补短。”

优化建议

企业可参与通关政策制定

2018年，杨坎普与艾哈迈德到广州海关交流调研，现场体验了广州海关隶属南沙海关的“单一窗口”服务。“通过详细调研整个跨境进出口的通关流程，我们会和广州海关共同研究哪个环节存在问题、哪里需要优化。”

杨坎普分享了荷兰促进贸易便利化“三角合作”的经验。“法律制度与政策制定不是海关一家的事，我们会让企业全流程深度参与通关流程、法律法规、贸易制度的制定与修改。实际操作中如果遇到问题，也会请企业参与制定解决方案。”

史基浦机场联合查验中心就是关企合作的典范，“智慧门货物监管系统”由荷兰税务局、荷兰海关局、史基浦机场、航空公司及贸易企业共同参与建设。

除关企合作外，荷兰海关还引入学术界的合作。“鹿特丹伊拉斯姆斯大学（Erasmus University）已经与我们合作开展海关及供应链方向的研究生培养教育，目前有2名中国海关关员正在攻读该研究生课程。”杨坎普认为，广东可以在中国率先进行“三角合作”的探索，以市场主体需求为核心，综合发挥各界专业力量，优化贸易通关环境。

两位关长还建议，广东可立足在中国率先落实“安智贸”的基础优势，进一步在全省范围扩大该计划试点，推动与欧盟其他成员国海关和港口的合作。“可以海关国际合作为突破口，探索广东其他关区与荷兰甚至欧盟的合作，惠及更多中欧企业。”

（陈晓　苏力　何谐）

泰科电子全球副总裁、中国区总经理来咏歌：

粤优化营商环境应向先进制造业倾斜

2018年7月10日，广东印发《广东省深化营商环境综合改革行动方案》，提出多项优化营商环境的具体政策措施。

“很高兴看到广东在不断改善营商环境方面做了大量工作，这对继续吸引跨国公司意义重大。”泰科电子（TE Connectivity，下称“TE”）全球副总裁、中国区总经理来咏歌接受南方日报记者专访时表示，在优化营商环境方面，广东应以走在全球前列为目标。

来咏歌建议，下一步广东应持续优化营商环境，重点为先进制造业的长远发展创造各种有利条件。同时，向创新领域倾斜，培育真正有利于战略性新兴产业、现代服务业整体进步的良性创新环境。

全球技术与制造业领军企业TE已经在中国深耕30年、在广东发展26年，目前在深圳、广州、东莞、顺德、珠海等地均有业务，涵盖消费类电子、电力和医疗、汽车、航空航天、通信网络等多个领域。

广东政府服务意识较强

“广东营商环境良好，基础配套设施相当完善，但更为突出的是‘软实力’。”来咏歌认为，广东人有强烈的创新意识、效率意识和诚信意识，其开放、兼容、务实与创新的态度成为经济高质量发展的精神基石。

在他看来，这些特质也体现在政府高效的运作中。“广东政府工作人员普遍专业素养较高，服务意识较强，办事效率高。”

近日，广东印发《广东省深化营商环境综合改革行动方案》，提出多项优化营商环境的具体政策措施。“很高兴看到广东在不断改善营商环境方面做了大量工作，这对继续吸引跨国公司意义重要。在这方面，广东应以走在全球前列为目标。”

来咏歌期待，未来通过简化管理体制、实现监管创新，广东将切实降低制度性交易成本，使企业运营更有效率。

鼓励粤企开展跨国技术合作

“下一步广东应持续优化营商环境，重点为先进制造业的长远发展创造各种有利条件。”来咏歌说，先进制造业是未来经济持续稳定健康运行的基础，有利于进一步吸引高附加值的生产服务性企业投资，并带动其他行业的增长。

来咏歌建议，优化营商环境的过程中，可重点向创新领域倾斜，培育真正有利于战略性新兴产业、现代服务业整体进步的良性创新环境。

“其中，有两点尤其重要。”来咏歌说，一方面，应坚持开放创新，鼓励广东企业与跨国公司进行深度技术合作，使双方从更成熟的市场中实现“双赢”；另一方面，继续加强吸引创新人才，为他们创造良好的工作生活环境。

近3年，TE持续开展对工程师群体创新活动的调研。来咏歌介绍，调研发现，广东以良好的营商环境吸引大量优秀技术人才，人才又进一步推动当地产业创新升级。提供较好的“硬环境”（包括研发设备、经费、工作场所、生活环境等）和较强的“软实力”（包括人才成长体系、激励机制、文化氛围等），这些对吸引创新技术人才缺一不可。

计划更深度参与粤创新发展

2018年是改革开放40周年，也是TE进入中国第30个年头。目前，TE在广东已具备研发、工程、制造、供应链和销售等完整的产业环节。

来咏歌期待，未来随着营商环境不断优化，TE将更深度融入广东创新发展。“‘一带一路’倡议实施、粤港澳大湾区、自贸区建设、中国消费市场扩大、消费品升级换代等，都将带来前所未有的机遇，我们很期待在这一过程中实现‘双赢’。”

按照公司发展计划，TE希望通过与广东合作伙伴更深度的创新合作，在新一代信息技术、智能交通、智能家居、智能医疗等新兴产业上，帮助开拓国内国际两个市场。同时，努力在广东建设真正意义上的先进制造基地，并不断巩固和创造新的制造能力优势。

来咏歌还表示，将持续助力广东产业管理和创新人才的集聚，提升人才管理水平、研发和运营能力；密切关注粤港澳大湾区规划、建设和发展，利用其带来的机会优化运营，并抓住相关市场机会，积极参与到这一发展进程中。

（陈晓）

第三章 突围之力

广东出台“实体经济新十条”及其修订版

61项举措助力企业降成本
预计3年内为企业减负超2000亿

企业所得税按最低应税所得率确定、申请上市民企中介费最高补300万元、市属高速公路货车通行费八五折、投资100亿元以上重大产业项目由厅级干部做服务专员……广东省政府2018年9月10日召开新闻发布会，公布《广东省降低制造业企业成本支持实体经济发展的若干政策措施（修订版）》（以下简称“实体经济新十条”），预计2018—2020年可累计为企业直接降成本超2000亿元。

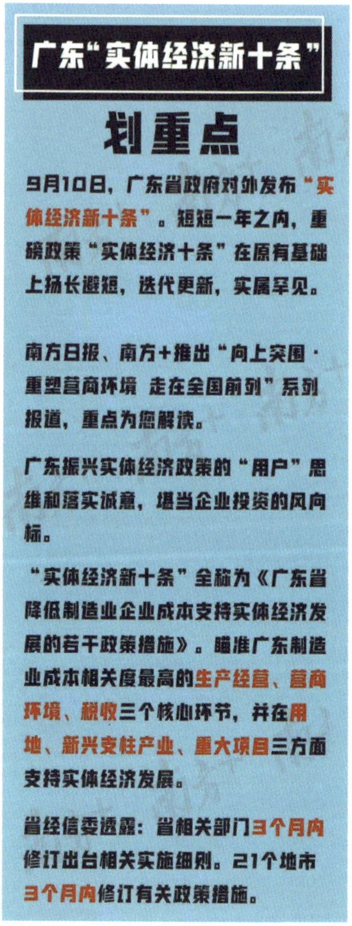
广东“实体经济新十条”

划重点

9月10日，广东省政府对外发布“实体经济新十条”。短短一年之内，重磅政策“实体经济十条”在原有基础上扬长避短，迭代更新，实属罕见。

南方日报、南方+推出“向上突围·重塑营商环境 走在全国前列”系列报道，重点为您解读。

广东振兴实体经济政策的“用户”思维和落实诚意，堪当企业投资的风向标。

“实体经济新十条”全称为《广东省降低制造业企业成本支持实体经济发展的若干政策措施》。瞄准广东制造业成本相关度最高的生产经营、营商环境、税收三个核心环节，并在用地、新兴支柱产业、重大项目三方面支持实体经济发展。

省经信委透露：省相关部门3个月内修订出台相关实施细则。21个地市3个月内修订有关政策措施。

2017年8月，省政府出台《广东省降低制造业企业成本支持实体经济发展的若干政策措施》（以下简称“实体经济十条”），在降低企业负担、支持制造业转型升级方面取得了良好成效，已累计为企业直接减负近千亿元。

据省政府副秘书长钟旋辉介绍，省政府组织有关职能部门，聚焦企业发展面临的新痛点、新堵点、新难点、新热点，与时俱进对“实体经济十条”进行修订完善，出台“实体经济新十条”，进一步加大政策支持力度，营造更加有利于实体经济发展的良好营商环境，推动广东实体经济发展行稳致远。

“实体经济新十条”共10个方面、61个政策点，重点围绕基层和企业反映比较强烈的用地保障、用地价格优惠、工业厂房分割登记、项目审批等问题，在加强重大产业项目用地保障、强化重大产业项目服务、降低工业企业用地成本、盘活工业企业物业资产和进一步降低企业用电、运输、融资成本等方面，提出了一批针对性更强、支持力度更大、更加务实管用的新举措，预计2018—2020年可累计为企业直接降成本超2000亿元。

省经信委相关负责人表示，省相关部门3个月内将修订出台相关实施细则，21个地级以上市3个月内修订有关政策措施。

（苏力　李凤祥）

企业所得税按最低收　土地出让打七折

政策制定部门解读广东省“实体经济新十条”61项具体措施

2018年9月10日，广东省政府召开新闻发布会，正式公布《广东省降低制造业企业成本支持实体经济发展的若干政策措施（修订版）》（简称“实体经济新十条”）。省政府副秘书长钟旋辉出席新闻发布会并发布“实体经济新十条”。

新政策聚焦企业发展面临的新痛点、新堵点、新难点、新热点，共提出10个方面61个政策点。省经信委、省财政厅、省人社厅、省国土厅、省商务厅等政策制定部门相关负责人对政策进行权威解读。

新政策围绕基层和企业反映比较强烈的用地保障、用地价格优惠、工业厂房分割登记、项目审批等问题，重点提出一批针对性更强、支持力度更大、更加务实管用的新举措。预计2018—2020年可累计为企业直接降成本超2000亿元。

降税收负担

地方税居全国较低或最低水平

据省财政厅介绍，此次实体经济减税政策实施后，我省各项地方税收执行标准均居于全国较低或最低水平，营造了低税负的营商环境，用短期财政收入的减少，换来企业持续发展的阳光。

在车辆车船税方面，2018年1月1日起，我省车辆车船税将降低到法定税率最低水平，总体减幅为25%左右，其中与企业有关的货车、挂车、作业车、机械车等，减幅超过80%。

同时，对装备制造等先进制造业、研发等现代服务业符合相关条件的企业和电网企业，在一定时间内未抵扣完的增值税进项税额予以退还。据初步统计，拟退税金额共计81亿元（含深圳共120亿元），从7月底起实施分批退税，直至9月底全部退完。

此外，全省各地区核定征收企业所得税应税所得率按国家规定的最低应税所得率确定。

降用地成本

工业用地出让最长为50年

据省国土资源厅介绍，《关于印发广东省降低制造业企业成本支持实体经济发展若干政策措施的通知》实施以来，我省在降低企业用地成本方面取得了显著成效。

“实体经济新十条”在前期取得成果的基础上，继续推动降低企业用地成本，一方面，年度建设用地供应计划保障工业用地供给，优先发展产业且用地集约的制造业项目，土地出让底价可按所在地土地等别对应工业用地最低价标准的70%执行；另一方面，继续实行弹性出让制度，工业用地出让最长年限为50年，据企业意愿，工业企业可弹性年期出让供地。

扫二维码一图读懂广东“实体经济新十条”

降社保成本

养老金缴费基数上下限逐步统一

据省人社厅介绍，在养老保险方面，将继续降低企业社会保险成本，企业养老保险单位缴费比例高于14%的按14%执行，企业养老保险缴费基数上下限逐步过渡至全省统一标准。

其中缴费基数上限统一为全省上年度城镇单位在岗职工月平均工资的300%，下限依据上年度城镇单位在岗职工月平均工资和城镇私营单位从业人员月平均工资加权平均值的60%合理确定。

在失业保险方面，在确保失业保险基金收支平衡的前提下，对一定时期内不减员或者少减员的用人单位，可以适当下浮费率。

在职工医保方面，有条件的地市适度降低单位缴费费率，广州市逐步降到6.5%左右。

在工商保险方面，将原三类行业基准费率细化调整为八类行业基准费率，并对执行新政策后基准费率升高的，继续实施阶段下调措施。同时，建立工伤保险浮动费率管理制度，进一步降低工伤预防好的用人单位缴费费率。

降用电成本

支持新兴产业参与电力市场交易

省经信委表示，将继续降低企业用电成本。一方面要“放开”，进一步扩大电力市场交易规模，并逐步降低电力用户准入门槛，支持高新技术、互联网、大数据、高端制造业等新兴产业参与电力市场交易。另一方面要“压减”，精简企业用电工程业扩配套项目审批流程和时限，由各市政务中心组织相关单位实施并联审批，确保企业用户接电时间压减至80天以内，其中规划施工报建时间压减至30天以内。

省发改委介绍，2018年4月1日、5月1日、7月1日分三次降低了全省一般工商业电价，合计降低一般工商业电价每千瓦时8.19分，年降价金额

113.14亿元。按照我省原有的一般工商业电价水平计算，2018年我省一般工商业电价的降价幅度达到10%。

➔降运输成本

扩大货车通行费八五折优惠范围

降低运输成本方面，“实体经济新十条”增加了对市属高速公路试行货车通行费八五折优惠、加大粤通卡发行力度、推进差异化收费试点等要求。

新政策规定，要扩大货车通行费八五折优惠范围。将2017年底已建成通车和2018年底将开通的省属高速公路路段纳入优惠范围。推动市属高速公路路段试行货车通行费八五折优惠。广州市的4条市属高速公路约170公里已经于2018年6月1日起开始试行八五折优惠，接下来将重点推动东莞市的市属高速公路试行优惠。

其次，加大货车粤通卡发行力度，扩大政策覆盖面，提高用户办理便利性。

广东还提出，要加大对最后一个国道收费项目的谈判协商力度，争取与业主达成一致意见提前取消该项目收费；其他5个大型桥梁项目到期即停止收费。

此外，我省还将进一步扩大高速公路差异化收费试点，建立适合我省特点的差异化收费模式。

➔降制度性交易成本

年底前开办企业压缩至5个工作日

政策提出，在2018年底前将全省开办企业时间整体压缩至5个工作日内，并制定《广东省压缩开办企业时间工作方案》。

据省工商局介绍，压缩开办企业时间主要包括五项内容：一是聚焦开办企业流程再造，推行“一网通办、一窗受理、并行办理”模式；二是优化企业设立登记服务；三是优化公章刻制服务；四是优化新设企业申领发票服务；五是优化实体大厅、网点服务。

2018年10月底前，完成“一窗受理”系统的开发及部署。11月，实施改革措施，“一窗受理”系统在省网上办事大厅上线，全省各地均可使用“一窗受理”系统办理开办企业的业务。12月底前，实现将全省开办企业时间压缩至5个工作日内的目标。

此外，省环保厅将对省重点项目建立环评责任分工和跟踪督办制度，纳入“绿色通道”，第一时间受理、第一时间技术评估、第一时间审议，做到责任到人，限时办结。

盘活土地资源

扩大解决制造业用地问题试点

“实体经济新十条”要求，允许制造业企业的工业物业产权按幢、层等固定界限为基本单元分割，用于引进相关产业链合作伙伴的产业项目；适时扩大解决重点制造业企业用地历史遗留问题试点城市范围；支持大型骨干企业开办非营利性职业院校（含技工院校），相关用地允许参照公办教育类别以划拨形式提供。

省国土资源厅介绍，国家级和省级开发区、产业转移园区（产业转移集聚地）建设的高标准厂房和工业大厦用地，经所在地地级以上市政府确认其容积率超过2.0并提出申请后，所使用的用地计划指标可由省级国土资源主管部门予以返还。

省住房城乡建设厅表示，要加强对工业厂房销售和租赁市场的监管，避免二房东哄抬工业厂房租金。鼓励工业厂房直接面向工业企业和为工业企业提供配套的生产性服务业市场主体销售或出租，建设中间环节，降低企业成本。

支持制造业高质量发展

重点培育万亿级制造业新兴支柱产业

省经信委介绍，2020年前省财政将对新一代信息技术、高端装备制造、绿色低碳、生物医药、数字经济、新材料、海洋经济方向的万亿级制造业新兴支柱产业培育予以重点支持。

在技改方面，深入实施《广东省工业企业技术改造三年行动计划（2018—2020年）》，省财政统筹安排企业技术改造专项资金，重点支持数字化、网络化、智能化和绿色化技术改造项目。

“实体经济新十条”还提出，“大力实施消费品工业‘三品’战略，发布广东消费品供给指南，实施广东重点产品质量比对研究提升工程，开展‘广东优质’品牌认证，引导消费新需求”。

具体而言，增品种方面，支持企业深度挖掘用户需求，构建设计创新资源共享平台；提品质方面，推广智能制造，开展数字化车间、智能工厂的集成创新与应用示范；创品牌方面，实施工业企业品牌培育试点和“十百千”品牌培育工程，开展产业集群区域品牌建设工作。

此外，我省还出台《关于推进“广东优质”品牌建设的指导意见》，对符合高标准、高品质要求的广东产品和服务进行认证，通过持续性和整体化培育，形成集质量、技术、服务、信誉于一体，市场与社会公认的区域综合认证品牌——“广东优质”，树立广东产品和服务的整体形象。

支持重大产业项目

超50亿元项目有专员服务

“实体经济新十条”要求，对符合我省产业政策、投资额50亿元以上重大制造业项目，实行省直部门专员服务制，全程负责跟踪服务项目落地和建设。其中，投资额100亿元以上项目由厅级干部担任专员，投资额50亿—100亿元项目由处级干部担任专员。

省国土厅介绍，为助力振兴实体经济和产业强省建设，我省于2018年

5月印发了《广东省重大产业项目计划指标奖励办法》，明确了我省重大产业项目类型、奖励条件、奖励标准、奖励指标申报和预支程序等，各地在引进符合条件的重大产业项目并经省市确认于当年完成供地手续的，省将按规定在下一年度安排计划指标时对相关市、县（市）予以奖励；对各地引进重大产业项目但当年用地指标确有不足的，省将在每季度第一个月集中办理一次计划指标预支申请，确保重大产业项目及时落地。

➔降融资成本

境内上市中介费最高补助300万

“融资难、融资贵”长期困扰实体经济发展，中小微企业“融资难、融资贵”问题尤为突出。

为破解上述问题，我省采取了一系列针对性举措。一方面，建立“广东省中小微企业信用信息和融资对接平台”（简称“粤信融”），打通了之前互相隔离的互联网、金融城域网和政务网三个网络；另一方面，建设应收账款融资服务平台，着力解决融资双方信息不对称、账款确认难等制约小微企业融资的关键问题。

为进一步降低企业融资成本，在上述基础上，“实体经济新十条”要求，积极开拓境外资金渠道支持制造业发展，鼓励大型骨干企业设立财务公司，为上下游融资。2020年前，省财政对在境内申请上市民营企业的中介费用，按不超过实际发生费用的50%给予补助，每家企业补助资金不超过300万元。

（李凤祥　苏力）

政企面对面解读“实体经济十条”修订版

广东省政府2017年8月出台“实体经济十条”，降成本、扶持实体经济。一年时间内累计为企业直接减负近千亿元。2018年9月10日，广东省政府对外发布“实体经济十条”修订版，预计2018至2020年，累计为企业直接降成本超2000亿元。这项好政策该怎么使用呢？南方日报、南方+客户端9月12—14日连续推出三场广东“实体经济新十条”·政企面对面系列解读节目。

我们通过围绕降低税收成本、破解资金难题、解决社保及用地痛点，政府支招，与企业“谈钱”，为企业省钱。

税收负担近年来屡屡成为热门话题，广东省委、省政府出台的多项政策中，降低税收负担都是名列首位。我们把第一场节目给了降低税收成本这个热点主题。

省税务局货物和劳务税处副处长梁静茹现场透露，我省降税具体范围包括18个行业，优先选择新一代信息技术、高档数控机床和机器人、航空航天装备、海洋工程装备及高技术船舶、先进轨道交通装备、节能与新能源汽车、电力装备、农业机械装备、新材料、生物医药等重点领域。

省财政厅法规税政处处长戴穗生提供的一组数据，则让企业看到政府的决心。他说，“实体经济十条”出台后，截至2017年，城镇土地使用税已经减税接近40亿元，车船税截至2018年7月已减税接近11亿元，预计到2019年可达到80亿元。

而针对中小企业普遍关注的融资问题，在第二场节目中，国光电器董事长周海昌直言，“融资难、融资贵”是长期困扰中小企业的大问题，希望政府可以加大解决力度。

省经信委（现省工信厅）产业政策处处长邓兴华现场回应，对在2020年前省财政对在境内申请上市的民营企业、在“新三板”成功挂牌的民营企业、进入“新三板”创新层的民营企业、在省内区域性股权市场发行可转换为股票的公司债券或增资扩股成功进行直接融资的民营企业、“广东省高成长中小企业板”的挂牌企业给予补助。

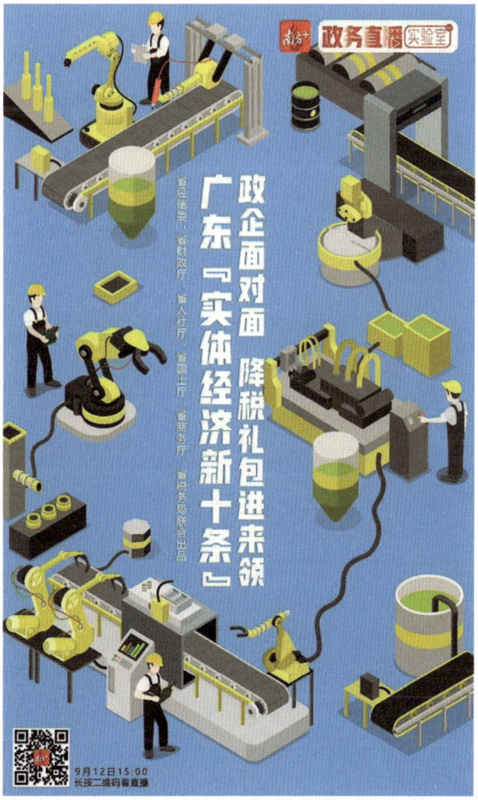

省商务厅贸易管理处处长容佩婵也提出，我省将加强制造业企业和融资租赁企业的合作，通过这种方法解决设备更新升级的资金需求。

用地和社保也是困扰企业发展的两大重要问题，在第三场节目中，巨轮机器人与智能制造公司副总经理洪润龙提出，用地成本、社保等人工成本越来越高，企业盼望有更多实用政策出台。

省人社厅养老保险处副处

长卓强告诉洪润龙一个好消息，“实体经济十条”修订版出台后，执行全省统一的企业养老保险单位缴费比例，方案实施前高于全省统一比例的14%，按照全省统一比例执行降低到14%。全省21个地级市，费率有点差异，比如湛江、茂名导等市从15%调到14%，立即下调十五分之一。

省国土厅（现省自然资源厅）土地利用处副处长江淑生则表示，一直非常关注制造业企业用地问题，该厅在土地规划、用地指标、土地登记、盘活产权尽可能提供最好的政策。

扫二维码看政企面对面解读“实体经济新十条”

广东出台“外资十条”修订版

十大利好助力扩大开放

单个重大外资项目年度最高奖1亿元

省政府2018年9月13日召开新闻发布会，公布《广东省进一步扩大对外开放积极利用外资若干政策措施（修订版）》（简称“外资十条修订版”）。新政策亮点频频，如允许在九大领域设立外商独资企业，重大外资项目用地指标由省统筹安排，单个重大外资项目年度最高可获1亿元财政奖励等。

2017年12月，省政府出台《广东省进一步扩大对外开放积极利用外资若干政策措施》，有力推动广东积极有效利用外资、加快形成全面开放新格局。2018年1—7月，我省实际利用外资889.3亿元，同比增长3.1%，总量继续位居全国前列；德国、日本、英国、瑞典等国家在粤投资同比分别增长49.1%、52.8%、93.8%和12.7倍；制造业实际利用外资256.2亿元，同比增长37.9%。

据省商务厅副厅长陈越华介绍，省政府组织有关职能部门，聚焦对外开放和利用外资面临的新形势、新要求、新问题，与时俱进制定出台“外资十条”修订版，围绕现代化经济体系的“急需短缺”，进一步加强外商在广东投资的政策支撑和服务保障，重塑广东营商环境新优势，推动我省外资高质量发展。

“外资十条”修订版共十个方面，重点围绕基层和外商在市场准入、财税、用地等方面的核心关切，在进一步扩大市场准入领域、加大利用外资财政奖励力度、加强用地保障、加强知识产权保护、优化重点园区吸收外资环境等方面，提出了一系列针对性更强、支持力度更大、更加务实管用的新举措，每一条都具有很高的“含金量”。

（陈晓）

【图解广东“外资新十条”】

一图读懂

广东“外资新十条”

9月13日，广东省政府对外发布《广东省进一步扩大对外开放积极利用外资若干政策措施（修订版）》（简称“外资新十条”）。南方日报、南方网、南方+推出“向上突围 · 重塑营商环境 走在全国前列”系列报道，为您解读广东进一步扩大利用外资新举措。

“外资十条”更新迭代仅仅花了9个月。“外资新十条”重点突破外资企业最关心的市场准入环节门槛，并围绕财政支持、用地保障、金融支持、投资贸易便利化、保障机制等五个方面出台更具针对性和操作性的措施。

广东省商务厅透露，省有关部门3个月内修订有关实施细则。21个地市3个月内修订有关贯彻措施。

南方日报、南方网已为您梳理出“外资新十条”新亮点。请下拉，看看广东向世界发出的“邀请函”！

进一步扩大市场准入领域

1、独资

允许专用车制造，新能源汽车制造，船舶设计、制造和修理，干线、支线和通用飞机设计、制造与维修，3吨级及以上直升机设计与制造，无人机、浮空器设计与制造，加油站建设和经营，国际海上运输，铁路旅客运输等9领域设立外商独资企业。

2、股比

取消中资银行和金融资产管理公司外资持股比例限制。支持外资设立合资证券公司、证券投资基金管理公司、期货公司、寿险公司，外资股比不超过51%。

3、开户

支持在广东工作的外国自然人投资者开立A股证券账户。

加大利用外资财政奖励力度

1、重奖

重奖外商投资实体经济项目，省财政按其当年实际外资金额不低于 2% 的比例予以奖励，最高奖励 1 亿元。

2、总部

对外资总部，省财政按其当年对省级财政贡献量的 30% 给予一次性奖励，最高奖 1 亿元。

3、利润再投资

对境外投资者从中国境内居民企业分配的利润在广东再投资项目，由省市给予奖励。

加强用地保障

1、指标

对实际投资金额超过 10 亿元的制造业外商投资项目用地和世界 500 强企业、重点外资总部自建办公物业用地，由省市共同安排土地利用计划指标。

2、奖励

对重大外资项目给予用地指标奖励，其中对投资 20 亿元以上、符合投资强度要求并完成供地手续的重大外资项目，省全额奖励用地指标。

支持研发创新

对认定为省级新型研发机构的外资研发机构，最高资助 1000 万元。

对认定为博士后工作站、两院院士工作站的外资研发机构，最高资助 100 万元。

对外资研发机构通过评审的省级企业技术中心创新平台建设项目，最高资助 200 万元。

加大金融支持力度

1、股权投资

利用广东省产业发展基金，以股权投资等方式重点支持世界 500 强企业、全球行业龙头企业在广东投资，以及我省重大跨国并购项目返程投资。

2、跨境融资

广东自贸试验区内，支持外商投资企业开展本外币全口径跨境融资；支持从事实体经济的跨国公司建立跨境资金池；支持外资开展合格境外有限合伙人业务。

3、“同等待遇”

外商投资企业同等享受我省对民营企业境内上市、“ 新三板 ”挂牌和区域性股权市场融资的相关扶持政策。

加大人才支持力度

1、优粤卡

将外商投资企业高级管理人员等7类人才纳为"优粤卡"服务对象。

2、许可

持有"优粤卡"的外籍人员，可申请办理5年以内的外国人来华工作许可和有效期为5年的居留许可，并将业务承诺办理时限较法定办理时限压缩二分之一。

3、创业

对持有外国人永久居留身份证的人员在广东创办科技型企业，给予中国籍公民同等待遇。

加强知识产权保护

加快建设中国（广东）知识产权保护中心。

推行外商投资企业知识产权保护直通车制度。

制定互联网、电子商务、大数据等领域的知识产权保护规则规范。

鼓励外商投资企业在中国申请和实施专利，其在广东实施的发明、发现和其他科技成果，可参与我省各级各类奖项评审。

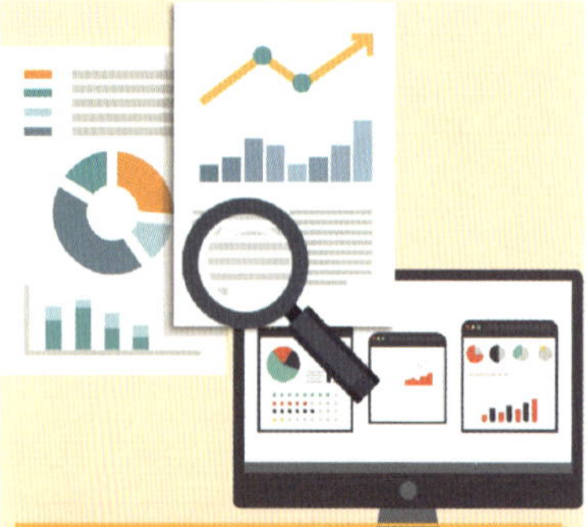

提升投资贸易便利化水平

推行“多证合一”改革和负面清单以外领域外商投资企业商务备案与工商登记“一口办理”。

外商投资企业开办时间压缩至5个工作日以内。

外商投资企业设立、变更备案进一步下放至县（市、区）商务部门实施。

货物通关时间压缩三分之一。

优化重点园区吸收外资环境

1、审批

支持符合条件的国家级开发区实行“一枚印章管审批”。

2、奖励

对国家级开发区内新设的外商投资项目，可参照深圳前海、珠海横琴企业所得税优惠目录，鼓励园区及所在地按项目直接经济贡献的一定比例予以奖励。

完善利用外资保障机制

完善省长联系跨国公司直通车机制。

建立省利用外资工作联席会议机制。

严格兑现依法向投资者作出的政策承诺，认真履行依法签订的各类合同。

扫二维码看“外资新十条”发布会现场

评论

打造吸引利用外资的强磁场新高地

当今世界，开放融通的潮流滚滚向前，中国开放的大门永远不会关上。

9月13日，省政府召开新闻发布会，公布《广东省进一步扩大对外开放积极利用外资若干政策措施（修订版）》（简称“外资十条”修订版）。这次对2017年制定实施的“外资十条”做出及时补充和完善，是因应形势发展、政策变化、市场需求和外企关切，而采取的更具针对性、更有前瞻性的应对之策，对于我省积极有效利用外资，以更有吸引力的投资环境新优势实现高水平开放、推动经济高质量发展，具有重大意义。

对外开放是我国的基本国策，是中国经济腾飞的成功经验，是经济社会保持长期繁荣稳定发展的正确之路。2018年4月，习近平总书记在博鳌亚洲论坛开幕式上发表主旨演讲时指出，中国开放的大门不会关闭，只会越开越大，并宣告了中国在扩大开放方面将采取的一系列重大举措，包括大幅放宽市场准入、创造更有吸引力的投资环境和加强知识产权保护等。总书记的重要讲话，释放出一系列积极信号，坚定了中外投资者的信心。作为改革开放的排头兵、先行地、试验区，广东40年来发展的巨大成就是在对外开放条件下取得的，外资经济也发展成为广东外向型经济体系的一大特色和重要组成部分。新时代肩负新使命，广东要在形成全面开放新格局上走在全国前列，就必须进一步扩大对外开放，把中央“稳外资”的决策部署落到实处。

积极利用外资是进一步扩大开放、推动形成全面开放新格局的重要内容。当前，我国经济由高速增长阶段转向高质量发展阶段，利用外资也面临新形势新任务新挑战。一方面，积极“走出去”的中国是否还需要“引进来”，不少人对此心存困惑；另一方面，随着个别国家单边主义、保护主义抬头，全球投资形势不容乐观。2017年全球外国直接投资下降23%，中国“稳外资”面临较大外部压力。对此，我们必须保持清醒头脑，坚定不移走对外开放之路，继续在吸引外资、利用外资上下功夫，因为外资不仅能带来新的资本流，还可带来人才流、技术流以及先进的管理经验，推动产业升级和科技创新。只有把“走出去”与“引进来”结合起来，把握好“两个大局”，用好“两个市场”“两种资源”，我们才能赢得经济发展和国际竞争的主动。作为对外开放的前沿阵地，广东坚持问题导向，保持战略定力，因地因势因时制宜，于2017年底出台“外资十条”，从市场准入、财政奖励、用地保障、研发创新、金融支持、人才支持、知识产权保护、投资便利化、园区吸收外资、利用外资保障等十个方面，制定了“含金量”颇高的优惠便利措施，超越了过去传统的招商引资阶段，聚焦优质外资，聚焦世界500强企业，聚焦总部经济，聚焦研发创新，扩大关键领域对外开放，推动利用外资向更高层次、更高质量发展。

海纳百川，有容乃大。“外资十条”实施半年多来，起到了吸引外资强磁场作用，对服务实体经济、促进高质量发展效果明显。省商务厅统计数据显示，2018年1—7月，广东省实际利用外资889.3亿元，增长3.1%，比全国2.3%的增速高0.8个百分点。特别是在吸引优质外资、世界500强企业方面成效显著，2018年上半年广东实际到资超5000万美元以上的大项目达51个。另外，落户湛江东海岛、投资总额达100亿美元的巴斯夫精细化工一体化基地项目近期签约，成为我国首例重化工行业外商独资项目。

吸引外资，既有赖基础设施、政策优惠等硬条件，更依托公平公正、自由便利的软环境。习近平总书记指出：“过去吸引外资主要靠优惠政策，现在要更多靠改善投资环境。”此次“外资十条”修订版，营造更加公平透明便利、更有吸引力的投资环境是最大亮点，其中将大幅放宽市场准入摆在了突出位置，进一步扩大金融业、服务业和制造业对外开放，新开放九个领域允许设立外商独资、合资、合作企业，全面实行准入前国民待遇加负面清单管理模式。同时，伴随着完善省长联系跨国公司直通车机制、建立省利用外资工作联席会议机制、重大外资项目“一项目一议”、推行“多证合一”改革、降低跨境资金池业务准入门槛、将外商投资企业开办时间压缩至5个工作日以内等一系列投资便利化措施的出台，一个对标国际、高效服务、管理规范的投资环境新高地呼之欲出。

“问渠那得清如许，为有源头活水来。”进一步扩大对外开放、积极利用外资，是广东在形成全面开放新格局上走在全国前列的战略选择。全省各地区各部门要提高政治站位，坚持以企业需求为导向，持续深化外资领域“放管服”改革，按照“外资十条”修订版分工表和任务书，进一步抓实抓细抓小，完善修订实施细则和配套措施，切实将好政策好举措落到实处，把广东打造成吸引利用外资的强磁场新高地。

（南方日报评论员）

广东“外资十条”修订版多项政策含金量高
外商可在九大领域设独资企业

9月13日，省政府召开新闻发布会，正式公布《广东省进一步扩大对外开放积极利用外资若干政策措施（修订版）》（简称“外资十条”修订版）。省商务厅副厅长陈越华出席新闻发布会并发布“外资十条”修订版。

新政策聚焦对外开放和利用外资面临的新形势、新要求、新问题，围绕现代化经济体系的“急需短缺”，提出十大方面多项针对性举措。省商务厅、省财政厅、省人社厅、省国土厅、省知识产权局等政策制定部门相关负责人对政策进行权威解读。

新政策重点围绕基层和外商在市场准入、财税、用地等方面的核心关切，提出允许在九大领域设立外商独资企业、对外资企业境内利润在粤再投资项目给予奖励、对重大外资项目全额奖励用地指标、优粤卡持卡人可享11项便利服务等针对性更强、支持力度更大、更加务实管用的新举措。

进一步扩大市场准入领域

取消中资银行等外资股比限制

省商务厅相关负责人表示，“外资十条”修订版最大亮点之一，是允许在九大领域设立外商独资企业，包括专用车制造，新能源汽车制造，船舶设计、制造和修理，干线、支线和通用飞机设计、制造与维修，3吨级及以上直升机设计与制造，无人机、浮空器设计与制造，加油站建设和经营，国际海上运输，铁路旅客运输等。“这些领域原来仅限于合资、合作，且设有股比限制，现在全部取消了。”

金融领域准入也进一步放宽。我省将取消在广东设立的中资银行和金融资产管理公司的外资持股比例限制，支持外国银行在广东同时设立分行和子行；支持外资在广东设立合资证券公司、证券投资基金管理公司、期货公司、寿险公司，外资股比不超过51%。

加大利用外资财政奖励力度

减轻外企用利润再投资的成本

“外资十条”修订版中，新增了“对境外投资者从中国境内居民企业分配的利润在广东再投资项目，由省市按投资环节产生的地方财政贡献给予奖励”这项规定。

省财政厅解释，目前，境外投资者从中国境内居民企业分配的利润在广东再投资项目除直接投资鼓励类项目外，须缴纳10%的预提所得税，这在一定程度上影响了外商利润再投资的积极性。上述新增条款鼓励境外投资者以分配利润再投资，凡投资环节对地方财政产生贡献的一律给予奖励，主要目的是减轻外资企业采用境内取得利润再投资的成本。

广东大力鼓励外商投资实体经济。2017—2022年，对在广东设立的年实际外资金额超过5000万美元的新项目、超过3000万美元的增资项目和超过1000万美元的外资跨国公司总部或地区总部，省财政按其当年实际外资金额不低于2%的比例予以奖励，最高奖励1亿元。

此外，省财政厅还表示，“外资十条”修订版的财政奖励政策主要体现了三个“突出”：

——突出新增。比如对形成实际外资的新设大项目、增资大项目、跨国公司总部和利润再投资项目给予普惠性奖励，对我省财政贡献较大的跨国公司总部给予叠加性奖励，鼓励外商投资企业的优质大项目和总部优先落户广东，以及境外投资者用利润在我省的再投资。

——突出升级。对世界500强、全球行业龙头企业的大型制造业项目以及IAB（新一代信息技术、智能装备、生物医药）和NEM（新能源、新材料）制造业大项目等我省迫切需要的产业项目给予重点支持。

——突出联动。省市联动，在省财政对外资项目和总部经济支持的基础上，鼓励各地结合当地实际有针对性地另行安排奖励以及针对重点项目进行“一项目一议”。

加强用地保障

投资超20亿外资项目全额奖励用地指标

省商务厅表示，土地属于稀缺资源，无法惠及所有企业，只能向重点项目倾斜；珠三角地区土地开发强度大，每年自主调配的用地指标与用地实际需求间存在较大缺口；国家规定土地出让价格不得低于土地取得成本，部分地区已接近或超过最低出让价格。这些都制约了原版政策发挥作用。

省国土厅相关负责人表示，针对这些问题，“外资十条”修订版提出解决措施，对重点外商投资项目用地应保尽保，并由省统筹安排重大外资项目用地指标。

省在分解下达土地利用年度计划指标时，将统筹考虑实际投资金额超过10亿元的制造业外商投资项目和重点外资总部自建办公物业的用地需求，对相关地市给予倾斜支持；各地市在省下达用地计划指标后，根据实际投资金额超过10亿元的制造业外商投资项目和重点外资总部自建办公物业的用地需求，配套安排用地计划指标，优先保障其用地需求。

对符合条件的重大外资项目，省按照相应标准给予用地指标奖励。其中，符合条件的项目包括：位于广州、深圳市的，投资规模不低于12亿元、投资强度不低于400万元/亩；位于珠海、佛山、惠州、东莞、中山市的，投资规模不低于10亿元、投资强度不低于380万元/亩；位于汕头、韶关、河源、梅州、汕尾、江门、阳江、湛江、茂名、肇庆、清远、潮州、云浮市的，投资规模不低于8亿元、投资强度不低于250万元/亩；位于省产业园范围内的，投资规模不低于6亿元、投资强度不低于200万元/亩的项目。

奖励标准为：以上项目用地规模300亩及以下部分用地指标由省按80%的比例给予奖励，用地规模300亩以上部分由省按60%的比例给予奖励；对位于广深科技创新走廊范围内的奖励标准相应上浮10%；对投资20亿元以上、符合投资强度要求并完成供地手续的重大外资项目，省全额奖励用地指标。

支持研发创新

单个外资研发机构最高奖1000万

我省对符合条件的外资研发机构给予财政资助。其中，外资研发机构被认定为省级新型研发机构的，省财政对上年度非财政经费支持的研发经费支出额度择优给予不超过20%的补助，单个机构补助金额不超过1000万元。外资研发机构被认定为博士后工作站、两院院士工作站的，最高资助100万元。对外资研发机构通过评审的省级企业技术中心创新平台建设项目，省财政最高资助200万元，资助资金用途限于外资研发机构购置仪器设备和软件。

此外，我省将在国家授权调整药品目录的过程中，对外资药品上市许可持有人获准上市的、在广东生产结算的国家大品种一类新药，在规定权限内为其建立绿色通道，优先纳入我省医保药品目录，并与药品价格谈判和集中采购工作相衔接，支持创新性药品产业化。

加大金融支持力度

外商投资纳入省产业基金支持范围

“外资十条”修订版提出，利用广东省产业发展基金，以股权投资等方式重点支持世界500强企业、全球行业龙头企业在广东投资，以及我省重大跨国并购项目返程投资。

具体而言，要将外商投资列入广东省产业发展基金支持范围，参照省财政经营性资金股权投资的模式，对符合条件的外商投资项目予以扶持。在约定投资期满后，通过大股东回购、上市、股权转让等市场化方式退出。

同时，我省还支持跨国公司资金集中运营。跨国公司可以选择在广东自贸区内注册成立的成员企业作为主办企业组建跨境资金池，其中，须满足境内成员企业上年度营收合计不低于5亿元，境外成员企业上年度营收合计不低于1亿元，资金池实行双向上限管理，上限为池内应计所有者权益。

加大人才支持力度

优粤卡持卡人可享11项便利服务

原版“外资十条”中，人才优粤卡是许多外资企业关注的焦点。省人社厅相关负责人透露，《广东省人才优粤卡实施办法（试行）》已经省政府常务会议审议通过，拟于10月以省政府文件印发实施。

人才优粤卡将外商投资企业高级管理人员等7类人才纳为服务对象，将以银联联名卡形式发放。我省将依托“广东省人才网”搭建优粤卡管理系统，实行网上申领，为持卡人提供线上服务。

人才优粤卡分为A卡、B卡，其中A卡主要针对高尖端人才，不受国籍、户籍和身份限制；B卡主要针对外籍高层次人才，特别是外籍青年拔尖人才。

A卡、B卡持卡人均享有户籍办理、安居保障、子女入学、社会保险、医疗服务、停居留和出入境、工商登记、金融服务、交通服务、就业服务等11项服务内容。考虑到A卡申领条件较高，为体现含金量，另外明确持卡人可在医疗便利、交通便利、特设岗位聘用等方面享受特别优惠服务。

➔加强知识产权保护

外商在粤发明成果可参与奖项评审

知识产权保护方面，省知识产权局相关负责人表示，目前我省正在组建中国（广东）知识产权保护中心，面向新一代信息技术产业和生物产业开展知识产权快速协同保护工作。

广东还建立了重点企业知识产权保护直通车制度，从提供高效的知识产权政策咨询与维权指导、畅通知识产权维权渠道和强化专利行政保护等方面予以重点支持。

其中，高新技术企业以及专利申请量或拥有量达30件及以上的外商投资企业，可申请成为地市级知识产权保护重点企业；重点高新技术企业以及专利申请量或拥有量达100件及以上的企业，可申请成为省级知识产权保护重点企业。

此外，我省还鼓励外商投资企业在中国申请和实施专利。外商投资企业在广东实施的发明、发现和其他科技成果，可参与我省各级各类奖项的评审。

下一步，广东将修订《广东省专利条例》，提高知识产权侵权法定赔偿上限，增设惩罚性赔偿规定。

➔提升投资贸易便利化水平

外企开办时间压缩至5个工作日内

“外资十条”修订版明确，将外商投资企业开办时间压缩至5个工作日以内。同时，将现有投资审批事项及其审批时限压缩1/4；将外国人来华工作许可和居留许可业务承诺办理时限较法定办理时限压缩1/2；将业务承诺办理时限较法定办理时限压缩1/3；将货物通关时间压缩1/3。

广东计划将商事登记“银证通”服务拓展至“一带一路”沿线国家和地区，推行境外投资者商事登记就地受理及远程办理。

我省还将集中下放一批省级审批管理权限。其中，外商投资准入负面清单内投资总额10亿美元以下的外商投资企业设立及变更，委托各地级以上市政府审批和管理；医疗机构、旅行社、加油站等领域外商投资企业设立及变更等18项省级行政许可事项依法委托各地级以上市政府相关部门实施，条件成熟后逐步委托国家级开发区管委会实施。

优化重点园区吸收外资环境

新项目投产头5年给予普惠性奖励

对在省级产业转移园区（产业转移集聚地）新设的外商投资项目，自投产当年起的第1—3年、第4—5年分别按照企业各年对园区所在地财政贡献量的40%、20%给予普惠性奖励。

部分企业还能享受叠加性奖补。如大型骨干企业、世界500强企业、中国500强企业（包括全资子公司及其控股的企业）在省级产业转移园区（产业转移集聚地）投资（控股）制造业企业，按固定资产投资金额不超过30%的比例按年度给予奖励，最高奖励1亿元；对设立外资研发机构的、通过国家高新技术企业认定或纳入省高新技术企业培育库的以及其他规定情形的，另行给予资金奖励。

此外，为进一步打造吸收外资重大平台，我省进一步简化省级经济开发区扩区、区位调整审批流程。各地级以上市人民政府按《广东省省级经济开发区设立、扩区和区位调整管理办法》条件和要求审批后，即可批准经济开发区扩区和区位调整。

→完善利用外资保障机制

实施省长联系跨国公司直通车制度

为更好地服务外资企业，营造良好营商环境，我省正完善省长联系跨国公司直通车机制，定期协调解决制约我省利用外资尤其是世界500强企业在广东投资的重大关键性问题。同时，建立省利用外资工作联席会议机制，统筹实施重大外资项目“一项目一议”。

此外，广东还整合招商引资资源，整合优化全省驻海外经贸办事机构，加快构建我省辐射全球的国际化投资促进体系。

（陈晓）

评论

坚持问题导向需求导向效果导向

近日，《广东省降低制造业企业成本支持实体经济发展的若干政策措施（修订版）》和《广东省进一步扩大对外开放积极利用外资若干政策措施（修订版）》分别印发实施。此次“实体经济十条”和“外资十条”的修订，重点围绕深入学习贯彻习近平总书记参加十三届全国人大一次会议广东代表团审议时的重要讲话精神，全面落实党中央、国务院的最新决策部署，结合广东“深调研”发现的主要问题，对2017年实施的政策举措予以更新完善，以期跟上形势的快速变化，回应企业的核心关切。

基础牢，全局稳；底气足，信心增。当前，广东经济运行稳中向好，支撑经济迈向高质量发展的有利条件积累增多。其中降低制造业企业成本、支持实体经济发展，进一步扩大对外开放、积极利用外资，就是为广东经济夯实基础、厚植底气的良方。两个“十条”实施一段时间以来，已经取得显著成效。据统计，截至2018年上半年，“实体经济十条”已累计为企业直接减负963亿元，企业获得感明显增强；“外资十条”也持续释放红利，带动广东2018年前7个月实际利用外资达889.3亿元，同比增长3.1%。

问题是时代的声音。2018年以来，影响中国经济的外部环境变化明显。广东是全国经济大省，是观察中国经济的风向标和晴雨表。面对错综复杂的国内外环境，广东经济回稳的基础还须进一步巩固，稳中求进仍要付出很大努力。越是在爬坡越坎的关键阶段，越要用发展的眼光看问题，用发展的办法解难题，把发展的主动权牢牢抓在手上。广东肩负着习近平总书记赋予的“四个走在全国前列”的光荣使命，新时代新征程，面对前进道路上的各种“风雨”，既要保持信心、坚定决心，也要未雨绸缪、积极应对。此次修订“实体经济十条”和“外资十条”，体现的就是这种思路。一方面，修订不是推倒重来，而是保留了原有“十条”中的绝大部分内容，这是战略定力的表现；另一方面，修订因应了形势发展需要，将“实体经济十条”和“外资十条”放在“四个走在全国前列”的总任务中去谋划，放在当前复杂多变的国内外经济形势下去完善，这是主动作为的表现。

需求牵引服务供给。上半年，广东经济发展基本面没有发生大的变化，但也要看到，一些企业经营困难，新动力不足和旧动力减弱的结构性矛盾依然突出。其中，基层和企业反映比较强烈的问题集中在用地保障、用地价格优惠、工业厂房分割登记、项目审批、市场准入等方面。这是市场主体在实践过程中产生的新需求，亟须政府部门在这些问题上提供“新供给”。满足市场主体需求是政府提升基本公共服务质量的关键，更是政府提升治理能力的有效途径。此次修订的“实体经济十条”和“外资十条”坚持需求导向，密切联系实际，找准牵一发而动全身的关键，及时回应政策实施过程中遇到的新情况，妥善解决市场主体反映的新难题。比如，对重大产业项目由省给予用地指标奖励，对属于广东优先发展产业且用地集约的制造业项目给予用地价格优惠，进一步扩大市场准入领域，增强对外资利润再投资的扶持力度，进一步提升投资便利化，等等。

施政之要，贵在落实，重在实干。新修订的“实体经济十条”和“外资十条”囊括了一系列好政策、好措施，确保这些政策措施看得见、摸得着，让企业切实得到实惠，不仅靠“说”，更要靠“做”，靠抓落实。这是政府治理体系和治理能力现代化的应有之义。南方日报对“实体经济十条”曾进行过第三方评估，结果显示全省各地贯彻落实的力度、效果不尽一致。在落实新修订的“实体经济十条”和“外资十条”过程中，既要坚持问题导向和需求导向，也要强调效果导向，各地区各部门要采取更智能、更信息化、直接到人的方式，重点加强企业使用政策的实操指引，针对政策难点可以“一事一议”。总而言之，要以踏石留印、抓铁有痕的劲头，推动好政策、好措施落到实处，做到言必行、行必果，惠及千万企业、惠及万千民生。

“风雨多经人不老，关山初度路犹长。”时下外部环境不确定性增多，结构调整正处于攻关期。全省各地区各部门要把落实新修订的“实体经济十条”和“外资十条”作为推动经济平稳健康运行的重要抓手，作为提升政府治理能力的重要契机，坚持问题导向、需求导向、效果导向，自觉从大局看问题，增强服务意识，创新服务手段，确保各项政策举措落地生根，为广东实现“四个走在全国前列”、当好“两个重要窗口”奠定坚实基础。

（南方日报评论员）

广东出台"民营经济十条"

广东"民营经济十条"以可操作新措施让"自己人"有获得感
12月开办企业5个工作日搞定

广东省政府2018年11月7日召开发布会，发布《关于促进民营经济高质量发展的若干政策措施》（下称"民营经济十条"）。12月底前，全省实现开办企业时间压缩至5个工作日内，广州、深圳率先实现工程建设项目平均审批时限压减至100个工作日内。

"民营经济十条"共10个方面、59个政策点，重点围绕进一步优化审批服务、进一步放宽市场准入、降低民营企业生产经营成本、缓解民营企业融资难融资贵、健全民营企业公共服务体系、推动民营企业创新发展、支持民营企业培养和引进人才、强化对民营企业合法权益的保护、弘扬企业家精神、构建亲清新型政商关系等方面推出了一批针对性更强、支持力度更大、更加务实管用的新举措。

其中，为推进开办企业便利化，广东省将于11月底前实现开办企业"一窗受理"业务，12月底前实现开办企业时间压缩至5个工作日内。为降低企业经营成本，在12月底前将省天然气管网公司电厂用户的代输价格降至0.15元/立方米，其他用户代输价格降至0.2元/立方米。为对民营和国有企业一视同仁，全面实施全国统一的市场准入负面清单，民营企业与其他类型企业按同等标准、同等待遇参与PPP项目。为完善公共服务，将上线全国首个商标维权援助平台，设企业首席服务官"一对一"解企业难题，民营企业办检验检测"最多跑一次"，民营企业外地人才子女可享受"免试就近入学"。

记者从省工信厅获悉，广东民营经济发展充满活力。尽管2018年国

权威发布

广东"民营经济十条"来了

11月7日，广东省政府对外发布《关于促进民营经济高质量发展的若干政策措施》。亮点在这里！

1. 优化审批服务　企业开办时间压缩到5个工作日内

2. 放宽市场准入　民营企业可同等标准、同等待遇参与PPP项目

3. 降成本　利用“三旧”改造等政策完善历史用地手续

4. 促融资　单户授信总额1000万元以下（含）的小微企业贷款同比增速不低于各项贷款同比增速

5. 公共服务　建立跨部门涉企政策“一站式”网上发布平台
推广发放中小微企业服务券

6. 创新发展　支持民营骨干企业承担国家及省、市重大和重点科技攻关项目

7. 人才培养和引进　实施新粤商培训工程
高层次人才纳入“优粤卡”服务对象

8. 合法权益保护　保护企业家财产权

9. 企业家精神　在人大代表、政协委员人选推荐中，积极评选推荐优秀民营企业家

10. 新型政商关系　建省市县三级面对面协商机制
推广企业首席服务官制度
杜绝“新官不理旧账”

【文本】李凤祥 /【制图】郑炜良

长按二维码查看更多政策亮点

内外发展环境错综复杂，广东每天仍平均新增近8000家民营经济单位，全省民营经济单位2018年首次突破1000万大关，超1071万个。2018年1—8月，广东民间投资增长10.6%；民营企业进出口总额增长12.4%。

（苏力　李凤祥）

政策制定部门权威解读我省“民营经济十条”

降低生产经营成本　缓解融资难融资贵

11月7日，广东省召开促进民营经济高质量发展有关政策措施新闻发布会，副省长陈良贤发布《中共广东省委办公厅 广东省人民政府办公厅关于促进民营经济高质量发展的若干政策措施》（以下简称“民营经济十条”）。

陈良贤表示，广东深入贯彻落实习近平总书记关于鼓励支持民营企业发展的重要论述精神，省委、省政府认真研究部署促进民营企业发展的政策措施，并专题召开全省民营企业座谈会，听取意见建议，研究发展壮大我省民营经济工作。此次出台的“民营经济十条”，聚焦构建民营经济与国有经济一视同仁的发展环境、促进民营经济高质量发展的主题，针对民营企业反映突出的痛点难点问题制定措施，将进一步优化广东民营经济发展环境，激发民营企业发展活力，助力广东实现“四个走在全国前列”、当好“两个重要窗口”。

50项行政审批清单以外事项"零审批"

针对问题：民营企业当前面临的审批难、准入难、维权难、恶性竞争

企业开办时间压缩到5个工作日内

政策亮点

推进开办企业便利化，简化工商登记、刻章、申领发票等办理手续，将企业开办时间压缩到5个工作日内。加快"多证合一""证照分离"改革，对审批频次高、审批周期长、企业意见较为集中的许可事项，依法依规予以取消审批、改为备案、实行告知承诺制或者加强准营管理。

权威解读

省市场监督管理局介绍，《广东省深化营商环境综合改革行动方案》提出，在2018年底前将全省开办企业时间整体压缩至5个工作日内。

目前，我省正在积极推进相关工作，争取在12月底前实现上述目标。

省委编办介绍，6月30日起，我省在全面实施企业、农民专业合作社"五证合一、一照一码"登记制度改革和个体工商户"两证整合"基础上，再将19个涉企证照事项整合到营业执照上，实行全国统一的"二十四证合一"。2018年6月30日至8月30日，全省办理"二十四证合一"登记的市场主体81.73万户，完成被整合证照备案447.86万笔。按企业办理每件备案一次往返的交通费20元计，仅交通费一项就可为企业节省约9000万元。

在"证照分离"改革方面，截至2018年8月底，试点地区累计办理业务量4.5万笔，惠及企业4.0万户，申请材料平均压减9.6%，办理时限平均压减36.5%，有效降低了企业制度性交易成本。

所有企业一视同仁，平等对待大中小企业

政策亮点

对民营和国有经济一视同仁，对大中小企业平等对待。全面实施全国统一的市场准入负面清单，负面清单以外的行业、领域、业务等，各类市场主体均可依法平等进入；推动民营企业与其他类型企业按同等标准、同等待遇参与PPP项目。

权威解读

省发展改革委介绍，广东率先开展企业投资项目负面清单管理试点，自2015年起对企业投资项目实行清单管理，公布并及时调整准入负面清单、行政审批清单和政府监管清单等“三个清单”，划定政府与市场、企业、社会的权责边界。目前92%左右的企业投资项目在准入阶段已实行备案管理。2018年1—7月全省共办理网上备案项目1.05万个，增长41.5%；项目总投资2.44万亿元，增长48.8%。行政审批清单列明政府审批事项和标准，界定政府审批权责，对50项行政审批清单以外事项，做到“零审批”。

省财政厅介绍，《广东省PPP项目库审核规程》中将PPP项目采购文件中是否设置歧视性条款、是否影响社会资本平等参与作为PPP项目的规范性审核要素。未达规范性要求的项目，不予审核通过；已入库项目未按规范实施的，省财政厅将责令其限期进行整改。

推进知识产权案件审判“三审合一”

政策亮点

建立知识产权案件快审机制，推进知识产权民事、刑事、行政案件审判“三审合一”。建立由律师、公证员、法学专家等组成的知识产权专家库，为民营企业提供知识产权、证据保全等法律服务。

权威解读

2017年广东法院审结各类知识产权案件7.1万件，同比增长64.7%，占全国法院结案总数的31.7%，继续居全国法院首位。

据省法院介绍，知识产权民事、行政和刑事案件审判“三合一”，是指由知识产权审判庭统一审理知识产权民事、行政和刑事案件。推进“三合一”工作是落实国家知识产权战略和创新驱动发展战略的重要措施，有利于统一司法标准、提高审判质量、完善知识产权司法保护制度。

省司法厅介绍，针对民营企业在知识产权保护方面存在的不足，吸收一批知识产权专业知识过硬、具有丰富知识产权案件办理经验的律师加入省知识产权局组建的知识产权专家库，切实为民营企业提供优质高效的知识产权专业法律服务。

2018年3次降电价，共降价113.14亿元

针对问题：民营企业面临的成本高、融资难、融资贵

利用“三旧”改造完善历史用地手续

政策亮点

降低企业用电用气成本，落实国家政策，大力降低全省一般工商业电价，进一步清理规范电网企业在输配电价之外的收费项目。完善管道燃气定价机制，2018年底前将省天然气管网公司电厂用户的代输价格降至0.15元/立方米，其他用户代输价格降至0.2元/立方米。支持民营企业利用“三旧”改造等政策完善历史用地手续。

权威解读

省发展改革委介绍，在降低用电成本方面，2018年以来，我省实施了临时性降低省级电网输配电价、降低跨省跨区输电价格、降低天然气发电企业上网电价等一系列措施用于筹措资金，并全部用于降低我省一般工商业电价。2018年3次调价后，我省除深圳市外，一般工商业电价合计每千瓦时降低8.19分，降价金额97.62亿元；全省（含深圳市在内）合计降价金额113.14亿元。

在降低用气成本方面，省发展改革委通过成本监审等程序，对广东省天然气管网公司的代输价格进行测算，决定从2018年7月1日起将委托广东省管网公司代输的电厂用户含税管道运输价格由0.25元/立方米降为0.15元/立方米；委托广东省管网公司代输的其他工商业用户含税管道运输价格由0.26元/立方米降为0.20元/立方米。

以东莞虎门电厂和惠州深能源丰达电力有限公司为例，按照一年用气量估算，每年可受惠约1000万元和1181万元。

省自然资源厅介绍，根据《关于推进“三旧”改造促进节约集约用地的若干意见》《广东省人民政府关于提升“三旧”改造水平促进节约集约用地的通知》等文件规定，纳入“三旧”改造范围、符合土地利用总体规划和“三旧”改造规划，没有合法用地手续且已实际使用的建设用地，可按“三旧”改造政策完善历史用地手续。

“银税互动”让企业纳税贡献转化为融资资本

政策亮点

积极推广银税合作模式，扩大参与“银税互动”银行机构的范围和数量，鼓励银行机构根据企业纳税信息给予便捷高效的信用贷款。支持直接融资，落实民营企业上市、新三板挂牌、区域性股权市场融资的奖补政策，降低企业直接融资成本。

权威解读

省税务局介绍，“银税互动”是在依法合规的基础上，由税务部门、银监会派出机构和银行业金融机构通过协商，共享区域内小微企业纳税信用评价结果，为小微企业提供无抵押的信用贷款。

省工信厅介绍，支持民营企业上市融资，对在境内申请上市的民营企业，经证监部门辅导备案登记后，分阶段对完成公开发行之前支付中介费用，按不超过实际发生费用的50%给予补助，每家企业补助资金不超过300万元；对在“新三板”成功挂牌的民营企业奖励50万元，对进入“新三板”创新层的民营企业再奖励30万元；支持民营企业到区域性股权市场融资，对在省内区域性股权市场发行可转换为股票的公司债券或增资扩股成功进行直接融资的民营企业，按企业融资金额的2%给予补助，每家企业补助资金不超过300万元；对“广东省高成长中小企业板”的挂牌企业按照融资金额的3%给予补助，每家企业补助资金不超过300万元。

政策出台后得到企业高度关注，实施效果和反响较好。据统计，2017年以来，我省已有接近1000家民营企业受惠本项措施，累计补助民营企业约6.1亿元。

商标维权援助平台明年上线

针对问题：广东民营企业普遍面临成长慢、创新难、留人难

2019年全省可用中小微企业服务券“买服务”

政策亮点

建立省级跨部门涉企政策“一站式”网上发布平台，为民营企业提供找得到、看得懂、用得上的政策信息服务。力争到2020年实现省市县中小企业服务中心建设全覆盖。在全省推广发放中小微企业服务券。

权威解读

据介绍，计划2019年，推进建设省级跨部门涉企政策“一站式”网上发布平台。

在政策发布环节，汇集国家、省涉企政策，通过政策平台集中发布，让企业能够“找得到”；在政策解读环节，政策发布部门按要求提供相应政策解读，涉及具体事项办理要详细说明办理流程、所需材料和注意事项等，让企业能够“看得懂”；在政策推送环节，通过大数据、智能技术手段，将政策库与适用企业相匹配，通过微信、企业微信、QQ、手机短信等手段推送政策信息，逐步提高政策推送的精准度，让企业实现“用得上”；在咨询反馈环节，整合省级部门现有的政策咨询和服务需求渠道，收集企业诉求并及时给予反馈，让企业体验“一站式”服务。

省工信厅相关负责人表示，中小微企业只要购买国家级、省级中小企业公共服务示范平台的人才培训、投资融资、技术创新等服务，都可以使用中小微企业服务券“支付”。

2018年，广州、珠海、汕头、佛山、韶关、梅州、东莞、茂名、肇庆等9市已发放5850万元以上中小微企业服务券，2019年计划在全省范围推开。

办检验检测“最多跑一次”

政策亮点

遴选一批高成长中小企业，推动成为细分行业领域的专精特新企业。推动大中型民营企业设立商标品牌管理部门。建设一批检验检测认证“一站式”服务平台，办理检验检测等业务“最多跑一次”。获中国质量奖、中国专利奖、中国版权金奖、中国商标金奖、制造业单项冠军、绿色工厂等的企业，在参与政府采购时，可给予适当技术加分。支持民营骨干企业承担国家及省、市重大和重点科技攻关项目。

权威解读

省市场监督管理局透露，我省将采取试点推进方式，积极指导大中型企业全部设立商标品牌管理部门。下一步，将加强商标审查协作广州中心建设，将广东打造成国家商标品牌战略实施试验区。全国首个商标维权援助服务体系平台计划明年正式上线投入使用，从商标国际注册、法律咨询、侵权预警等多个维度为企业提供服务和指导，增强商标品牌监管和服务能力。

记者从省市场监督管理局获悉，根据企业实际需要，免费提供质量管理、标准宣贯和培训指导、计量管理评价服务。

省财政厅相关负责人表示，通过制定政府采购政策实现国家的经济社会目标，是世界各国的通行做法，我省将及时研究相关配套措施，确保政策落地。

外地人才子女“免试就近入学”

政策亮点

实施新粤商培训工程，省每年组织一批民营企业家到国内“双一流”大学培训学习，免费培训一批民营企业高层管理人员。支持广东省百强民营企业开展企业主体系列职称评审，简化职称申报手续和审核环节，职称申报不与人事档案管理挂钩。将符合条件的民营企业高层次人才纳入“优粤卡”服务对象。外地户籍高层次人才子女申请就读小学或初中的，按照“免试就近入学”原则，由各地统筹协调在其居住地相对就近的公办学校就读。

权威解读

省工信厅每年将组织2000名民营企业家到国内“双一流”大学培训学习。省人社厅相关负责人透露，我省企业技能人才评价，以企业为主体，采用“一企一案”模式自主评价企业技能人才。另外，“优粤卡”持有人可享受当地居民待遇，包括户籍办理、安居保障、子女入学、社会保险、医疗服务、停居留和出入境、工商登记、金融服务、交通服务、就业服务等11项服务。

针对“免试就近入学”，省人社厅透露，符合条件的民营企业人才等各类高层次人才办理子女入学，按规定提供相关材料，于每年4月由省人才服务局高层次人才服务专区汇总提交至省教育厅基础教育处统一办理，再由基教处发文各市（区）教育部门，协调各公办学校入学事宜，办理时限约5个月，每年平均办理90多项。

将政务履约守诺服务等纳入绩效考核

针对问题：投资发展信心不足，缺乏获得感和归属感，不良的政商关系

2019年构建全省信用联合奖惩一张网

政策亮点

发挥优秀企业家的示范带动作用，在人大代表、政协委员人选推荐中和广东省非公有制经济人士优秀中国特色社会主义事业建设者、广东省光彩事业奖等各类评选表彰活动中，积极评选推荐诚信守法、热心公益事业、艰苦创业、支持党建工作等的优秀民营企业和企业家。加强诚信体系建设，建立完善经营异常名录、严重违法失信企业名单管理制度，积极推行信用联合奖惩便捷模式。

权威解读

省工商联介绍，我省始终高度重视对非公有制经济人士的教育培养和政治引导，积极发挥其优势作用参政议政，在各级人大、政协换届工作中，在不折不扣地落实中央提出的人选结构要求的前提下，真正把思想政治强、行业代表性强、社会信誉好的非公有制经济人士推荐出来。

完善联合奖惩机制，推行联合奖惩便捷模式，对列入“红名单”的民营企业提供绿色通道等便利服务措施，对列入“黑名单”的民营企业依法予以限制，可以促进民营企业乃至所有市场主体依法诚信经营，维护市场正常秩序，形成“守信受益，失信惩戒”氛围，营造诚信社会环境。

记者从省发展改革委获悉，为在全省积极稳妥推进信用联合奖惩工作，2018年7月，省政府召开会议，要求2018年底前取得阶段性成果，2019年在全省范围复制推广，构建全省信用联合奖惩一张网。

设企业首席服务官，“一对一”解企业难题

政策亮点

建立省市县三级政府主要负责同志与企业家面对面协商机制，听取意见建议。推广企业首席服务官制度，“一对一”跟踪协调解决企业发展困

难。各级政府要切实履行与民营企业依法签订的合同，杜绝“新官不理旧账”的情况，将政务履约、守诺服务等纳入政府机关绩效考核内容。对民营企业的执法检查事项，原则上均采取“双随机一公开”的方式进行。

权威解读

当前，政府与企业迫切需要协商对话的渠道，凝聚共识、共谋发展。

据了解，为解决上述问题，一方面依托政府门户网站收集办理民营企业诉求，建立省市县三级政府主要负责同志与企业家面对面协商机制；另一方面，推广企业首席服务官制度，“一对一”跟踪协调解决企业发展困难。

2016年，惠州在企业聚集的仲恺高新区试行“首席服务官”制度。得益于大力推行“首席服务官”制度，惠州进一步提升政务服务水平，促进项目和企业落地成长，为经济高质量发展释放新动能。

省发展改革委介绍，为有效杜绝“新官不理旧账”，对因招商引资、政府与社会资本合作等活动引发的纠纷，要认真审查协议不能履行的原因和违约责任，切实维护行政相对人的合法权益。妥善认定政府与企业签订的合同效力，对政府违反承诺，特别是仅因政府换届、领导人员更替等原因违约毁约的，依法支持行政相对人的合理诉求。同时将政务履约、守诺服务等纳入政府机关绩效考核内容。

“双随机一公开”监管，是指随机抽取检查对象，随机选派执法检查人员，及时向社会公开检查结果。省市场监督管理局相关负责人介绍，全省各级政府部门对市场主体的执法检查事项，原则上均采取“双随机一公开”的方式进行，减少对市场主体正常经营活动的干扰，营造法治化便利化的营商环境和公平竞争的市场环境，推进大众创业、万众创新。

数读

“民营经济十条”

5个工作日

◎企业开办时间压缩到5个工作日内

100个工作日

◎广州、深圳2018年底前将工程建设项目平均审批时限压缩至100个工作日内，全省2019年上半年实现该目标

统一

◎全面实施全国统一的市场准入负面清单，负面清单以外的行业、领域、业务等，各类市场主体均可依法平等进入

0.15元/立方米

◎2018年底前将省天然气管网公司电厂用户的代输价格降至0.15元/立方米，其他用户代输价格降至0.2元/立方米

1000万元以下

◎推动银行机构实现单户授信总额1000万元以下（含）的小微企业贷款同比增速不低于各项贷款同比增速

最多跑一次

◎建设一批检验检测认证“一站式”服务平台，实现办理检验检测等业务“最多跑一次”

90%以上

◎力争2018年实现90%以上有财产可供执行案件在法定期限内执行完毕

100%

◎对涉及官商勾结、为官不为等问题线索的实名举报100%核查

2020年

◎力争2020年实现省市县中小企业服务中心建设全覆盖

（李凤祥　苏力）

广东省出台深化营商环境综合改革行动方案，
查扣企业财产有“四不得”限制

在粤开办企业最多5个工作日

省委、省政府办公厅于2018年7月10日印发《广东省深化营商环境综合改革行动方案》（以下简称《方案》），在广东开办企业，最多5个工作日必须“搞定”，行政许可类事项办理时限不超过法定期限30%，负面清单以外外商投资备案办理时限减至1个工作日以内。

而为保护企业家权益，在查办案件中，广东将明确区分企业法人财产与股东个人财产、涉案人员个人财产和家庭成员财产、合法财产和违法所得等标准和规范，不得超权限、超范围、超数额、超时限查封、扣押、冻结。同时，不得以政府换届、领导人更替等理由违约毁约。

本次改革共分商事制度、工程建设项目审批制度、企业投资管理体制、贸易便利化、激发和保护企业家精神、市场监管六个部分30项具体举措。省委改革办相关负责人表示，深化营商环境综合改革是广东全面深化改革的系统集成工程和转变政府职能的重要抓手，通过解决营商环境优势相对弱化等问题，激发活力，改善环境，降低成本，营造稳定公平透明、可预期的营商环境。

➔第一环：准入

放宽银行、证券、保险行业外资准入，推动汽车行业外资股比限制放宽

此次新政策将重点解决市场准入门槛要求过高、审批事项过多等痛点。

《方案》要求，全面实施全国统一的市场准入负面清单，负面清单以外的行业、领域、业务等，各类市场主体皆可依法平等进入。进一步压减我省主体功能区产业准入负面清单。

将核准投资项目申报材料不齐全或不符合法定形式的告知期限压减至2个工作日以内，被征求意见的部门或地方政府审查时限压减至3个工作日以内，正式受理材料后的办理期限压减至10个工作日以内（含技改项目）。

政府核准投资目录以外的项目一律实行备案制，按照属地原则由县（市、区）投资主管部门实施，并在3个工作日内完成备案工作（含技改项目）。

在不改变规划条件的前提下，对零土地技改项目实行承诺备案制。

此外，全面实行准入前国民待遇加负面清单管理制度，负面清单以外的外商投资备案（不含减免税项目）办理时限压减至1个工作日以内，同步将外商投资企业设立、变更备案下放至县（市、区）商务主管部门实施，推动实现港澳服务提供者备案权限下放至地级以上市。

全面实施《外商投资准入特别管理措施（负面清单）（2018年版）》及自贸试验区外商投资负面清单，落实国家关于放宽银行、证券、保险行业外资准入限制政策，推动汽车行业外资股比限制放宽。

第二环：开办

2018年完成138项涉企行政许可等事项分类改革

针对企业开办环节审批事项过多、“准入不准营”等问题，《方案》要求，深化商事制度改革，大幅压减企业开办时间。取消工商名称预先核准，实行名称自主申报。全面提升企业开立银行账户服务效率，将企业开办时间压减至5个工作日以内。

强力推进“照后减证”，深化“证照分离”改革。在2018年完成138项涉企行政许可等事项分类改革任务。对外商投资企业商务备案和工商登记实现“单一窗口、单一表格”办理。

限期实行涉企事项“一本通办”。年内出台《广东便利营商审批服务指南》，实现一本办事指引全省通办。

同时，压减纳税人涉税资料四分之一以上；对房地产税（从价计征）、城镇土地使用税实行一年申报一次；对跨省经营企业部分事项试行“全国通办”，出台纳税人“全程网上办”和“最多跑一次”清单，提升办税便利化水平。

第三环：落地

工程建设项目平均审批时限压减至100个工作日以内

项目准入后，如何解决建设项目落地难、要素市场化程度不够等问题？广东提出，要打造项目审批“高速公路”。

此次改革全流程、全覆盖统筹优化工程建设项目审批程序，取消施工合同、建筑节能设计审查备案等事项。要求加快建立“多规合一”业务协同平台，实行“一张蓝图”明确项目建设条件、“一个系统”受理审批督办、“一个窗口”提供综合服务、“一张表单”整合申报材料、“一套机制”规范审批运行。

将建设工程项目审批流程主要划分为立项用地规划许可、工程建设许可、施工许可、竣工验收4个阶段，全面实施“一家牵头、同步审批、同步评估、同步反馈、限时办结”的并联办事模式，实行限时联合验收。

大幅压减办理时限，工程建设领域行政确认类备案事项办理时限原则上不得超过3个工作日，行政许可类事项在现有办理时限基础上再压减一半，且原则上不得超过法定期限的30%（不含法定公示期限），将工程建设项目平均审批时限压减至100个工作日以内。

第四环：贸易

通关准备和货物提离时间年内省1/3以上

不少企业认为，目前通关时间、通关成本等仍相对较高，导致整体运营成本高。

为此，广东将重点推进贸易便利化改革。2018年内，实现通关准备和货物提离时间压减至少1/3以上。实行“双随机、一公开”制度，出口查验率不超过2%。取消出口退（免）税预申报，优化进出口税费管理。

此外，我省将研究广交会展位分配制度改革创新，加大向制造业企业和中小科技企业倾斜力度。

外籍高层次、创新型人才出入境便利化水平也将进一步提升。《方案》明确，对外籍高层次人才及家属，经相关主管部门推荐，可直接申请在华永久居留资格。对创新创业团队的外籍成员和企业选聘的外籍技术人才实施永久居留积分评估制。

第五环：监管

未经省政府同意不得随意“限牌限行”

针对监管缺位、越位，要素市场化程度不够，企业信用信息平台功能不健全等市场监管上存在的问题，《方案》明确，将深化市场监管综合改革。

广东将全面实施清单管理制度，建立市县政府工作部门和乡镇权责清单制度。对同一市场主体及生产经营行为均有监管职责的，原则上由最低一级市场监管部门实施。

为维护公平竞争秩序，广东提出，严禁对外地企业、产品和服务设置歧视性准入条件、歧视性补贴政策。2018年内，全面清理废除妨碍统一市场和公平竞争的各种规定和做法。

各地不能随意“限牌限行”。未经省政府同意，禁止出台货运车辆限牌及外地货运车辆全天限行措施，不得出台中小客运车辆限牌及外地中小客运车辆限行措施。

此外，广东还将建立覆盖全省的征信系统，2020年实现所有市场监管部门信息实时传递和无障碍交换。

➔第六环：信心

不得以政府换届、领导人更替等理由违约毁约

《方案》强调，要激发和保护企业家精神，直击缺乏面对面等常态化的政商互动制度、缺少政商交往的途径及知识产权保护不力等痛点。

产权保护上，明确区分企业法人财产与股东个人财产、涉案人员个人财产和家庭成员财产、合法财产和违法所得等标准和规范，不得超权限、超范围、超数额、超时限查封、扣押、冻结。

我省将实施最严格的知识产权保护制度。适时在有关地级以上市开展放宽专利代理机构准入条件试点，把专利实施许可合同备案、专利质押登记办理时限压减至5个工作日以内。建设“一站式”知识产权服务办事大厅，设立更多知识产权巡回审判法庭和诉讼服务中心。

《方案》还指出，要完善政策落实兑现制度，不得以政府换届、领导人更替等理由违约毁约。推动落实我省构建亲清新型政商关系政策措施，公布政商交往典型案例，发挥指导和规范作用。

解读

政策针对性、实效性强

我省在9月内制定细化实施方案

《方案》于近日印发，记者采访了政府、企业、专家代表，对政策进行解读、展望。

省政府参事陈鸿宇接受记者采访时表示，近年来，广东聚集、吸引经济高端要素、高端资源的优势有所弱化，这是实现高质量发展的最大瓶颈。“《方案》针对性、实效性、创新性强，政策亮点多，着力解决经济发展的痛点、难点。”

“关键是抓好落实。”陈鸿宇建议，针对每项措施，要明确落实责任部门，制定具体工作计划、时间表、路线图，要加强不同阶段的落实督查与考核。

富士康集团总裁郭台铭接受记者专访时表示，此次广东出台优化营商环境新政策，让企业振奋。“只要广东不断改善营商环境，新一轮投资将会接踵而来。”郭台铭表示，目前富士康瞄准“实体经济+数字经济”的重要发展机遇，已经以广东为实验基地，发展其工业互联网业务。

记者从省委改革办获悉，省委全面深化改革领导小组将深化营商环境综合改革纳入重要改革事项，省发展改革委、省编办、省商务厅共同牵头负责，承担协调工作。需要出台细化措施的，在2018年9月内制定实施方案；可以直接实施的，尽快落地见效。多措并举狠抓各项改革任务落实。

我省将突出改革试点带动作用，年初，省委深改组已在广州、深圳、东莞、汕头等地部署开展营商环境综合改革试点。支持深圳市、广州开发区等地率先开展营商环境改革创新探索，发挥广东自由贸易试验区在营商环境建设方面的示范引领作用。近期，省委深改组已批复同意广州市黄埔区广州开发区创建营商环境改革创新试验区，要求坚持以制度创新为核心，把开发区打造成全国最优、国际一流的营商环境高地。据悉，深圳市也启动营商环境改革创新试验区创建工作，按照对标国际最高最优最好的要求，正在研究制定力度更大措施更实的改革方案。

此外，我省将把营商环境建设纳入省委、省政府重点督查事项，对落实不力的部门或地区追责问责，促进营商环境持续改善向好。

（苏力　卢轶　陈晓　李凤祥）

第四章 突围之融

政策红利加速释放，更多“老外”变“老广”

完善“软硬件”形成强大吸引力

“今天的广东与我刚来时天差地别，很幸运能作为其中一分子见证它的发展。”回顾在广东度过的17年时光，华南美国商会会长哈利•赛亚丁感慨地说。

华南美国商会2018年3月发布的《华南地区经济情况特别报告》显示，广州、深圳包揽“中国最受欢迎的投资目的地”前两名。

“华南美国商会会员数，从我刚来时的211个增加到现在的3000个。”哈利说，他的故事不是特例。

“准入”这个原本听着有些生硬、严肃的词，随着广东近年来推出的一系列外资政策、人才政策，正变得柔软、近人。更多外资企业走进广

□ 华南美国商会会长哈利·赛亚丁

东，更多高端人才落户广东，“洋老广”越来越成为外国人参与广东发展的美丽注脚。

意大利飞机师在佛山圆了“武侠梦”

2012年9月，意大利人莫罗·马尔切桑第一次来到广东。他对这里仅有的印象是：距离香港特别近，经济发展特别快，是中国最富裕的地区之一。

现在，莫罗已在中国南方航空公司工作6年多，成了一名“广东通”——与家人朋友联系用微信，出行打车靠滴滴，经常跟中国同事相约去地道粤菜馆觅食……

平日里，莫罗主要执飞空客A330。由于航班机组成员不固定，莫罗一般会提早数小时来到飞行准备室，与同事们交流。“他们很友善，大都会英语。”他说。

正是在热心同事的“牵线搭桥”下，莫罗实现了自己多年的“武侠梦”——2013年底，他在佛山正式拜咏春拳大师陆柏钧为师，开始学习武术。

□ 南航意大利籍机长莫罗·马尔切桑在佛山学习“咏春”，圆了“武侠梦”

“中国的开放带来重要改变，越来越多像我这样的外国人来这里工作、经商、学习。”莫罗感慨道。

“广东一直走在国际化的前沿。完善的‘软硬件’，对人才和企业的吸引力不言而喻。”PPF集团中国总裁卢米尔·马龙也认为，广东是一个非常国际化的市场，近年又实施了“外资十条”系列政策，超过六成的世界500强企业在此落户，一个良好的国际化人才发展平台也逐渐形成。“广东是中国对外开放的先行地，见证了外资如何帮助经济增长。”哈利说，感触最深的是，广东开放多个领域让外资进入，为外资提供了很好的平台和机遇。

在哈利看来，广东的政策和基础设施对外资进入也具有吸引力。“广东也对外国企业引入的新科技提供了很好的支持和保护。”哈利说，目前广东快速发展的电信、交通、货物处理和供应链等产业，也为外资企业提供了很好的保障。

“享受这里平和、现代化的工作生活氛围”

医学教授皮特·罗比也被广东吸引而来，进入清华—伯克利深圳学院精准医学与公共健康研究中心工作。“在深圳，政府和社会资本都非常支持癌症靶向药物研究，这让科研成果能有效转化、尽快投入市场。”他透露，目前已在深圳成立了初创公司，为癌症患者开发两种新的候选药物。

“很感谢中国传达出来的热情与友善，我现在很享受这里平和、现代化的工作和生活氛围。”皮特致力于癌症救治，从新加坡搬到深圳后，工作单位和地方政府都给予了大力支持，和自己一起的一位来自印度的高级实验室科学家也搬了过来，家人们也在深圳得到较好的安排。

“我的太太是中国人，此前她也在海外生活，对于我选择深圳，家人都很开心也很支持。”皮特说，正因为这样，这个重要的抉择变得容易许多。

广东城市基础设施的完善也为吸引人才，特别是留住人才做好了铺垫。“还记得旧的白云机场，那时候甚至找不到告知航班起降时间的告示牌。”回想起1991年最初来到广州，哈利说，那时广州看起来还只是一座小城市，但现在成百上千公里的高铁连接起各个城市，随着白云机场T2航站楼建成，交通更加便利。

随着广东经济向高质量转型发展，自贸区、粤港澳大湾区等的建设也让越来越多人看到更多机遇。“广东一直走在国际化的前沿。”卢米尔说，广东近年来借助自贸区、深港合作、“一带一路”、粤港澳大湾区等契机，与湾区其他城市联合发展，通过整合湾区的丰富资源，能形成非常强的优势，形成强大的吸引力。

声音

PPF集团中国总裁卢米尔·马龙：多方入手促进国外人才入粤

想让更多国外人才进入广东，需要解决两个问题：如何吸引人才、如何留住人才。卢米尔建议，可以从三个方面着手。

首先要提供发展机遇。一方面推进本地市场的国际化，吸引外资投入，打造比肩其他国际市场甚至更具前景的发展平台。另一方面，发掘市场潜力，丰富产业体系，为外国人才提供多样化、多层次的发展机会，提供差异化的成长空间，让各个领域、各个层次的外国人才能够找到适合自己发展的机会，自由、充分地发挥自身的才能。

其次是关注重视。政府设立健全的人才管理和服务机制，是留住人才的重要因素。同时，政府也要引导营造良好、可持续的产业发展环境，这有助于让人才产生归属感，安心在广东发展。

此外还要让生活更便利。完善的配套设施、灵活高效的行政服务、与国际接轨的各种资源，对于吸引外国人才都相当重要。“比如我自己，平时居住在深圳，经常去北京和天津出差，便捷的高铁、发达的移动支付，带来极大的便利和舒适。”

大事记

“外资十条”及其修订版

◎2017年12月，广东出台“外资十条”，并于2018年9月再度公布“外资十条”修订版。

政策明确：进一步扩大市场准入领域，允许在九大领域设立外商独资企业；对持有外国人永久居留身份证的人员在广东创办科技型企业，给予中国籍公民同等待遇；逐步在全省推广支持广东自贸试验区建设的6项人才出入境政策措施。

取消在广东设立的中资银行和金融资产管理公司的外资持股比例限制，支持外国银行在广东同时设立分行和子行；支持外资在广东设立合资证券公司、证券投资基金管理公司、期货公司、寿险公司，外资股比不超过51%；支持在广东工作的外国自然人投资者开立A股证券账户。

加快建设中国（广东）知识产权保护中心，建立健全专利快速审查、确权和维权机制。推行外商投资企业知识产权保护直通车制度。

外资研发中心进口研发设备、试剂、样品，可选择提前报检、预约报关和实物放行通关模式。允许外资研发中心保税进口二手研发专用关键设备（入境期限不超过1年）。

负面清单

◎目前在广东自贸试验区，外商投资负面清单从2016年的190项压缩至2018年的45项，99%的新设外商投资企业通过备案设立。

（张子俊　陈晓　彭琳　胡南　魏申）

外国人来粤追逐"淘金梦"

"广东制造"在全世界很流行

"'一分钱一分货'，广东的优质商品在非洲、在全世界都很流行！"来到广东第8年，巴比•阿里•席德有了自己的贸易公司，跨境贸易生意更红火了。

如今，他在广州有了家，有了一双可爱的女儿，满怀幸福："在这儿，我能展示本色，做我自己。"

货物、人才、市场的自由流通，让更多外籍人士在广东安居乐业。互联网"空中贸易通道"实现了"全球买全球卖"，为外国商人在粤发展带来新机遇；人才服务不断优化，各类人才交流日益频繁；文化多元市场繁荣，外国艺术家在广东发展有了新感受。

从跑遍珠三角到在家做生意

“在中国，一旦有了手机，你哪儿都能去，什么都能买，简直太方便了！”来自马里的商人巴比·阿里·席德熟练地掏出手机，通过移动扫码支付购买了一杯咖啡。

来华8年，阿里已完全融入广州社会，“在这儿我能展示本色，做我自己”。如今，他创办了自己的公司，从事跨境电商贸易。

“中国商品在马里非常流行！”阿里告诉记者，随着中国经济的崛起，广东等中国沿海省市生产的货物占非洲市场的份额越来越大，在圈内有口皆碑。

在阿里看来，好的声誉是他闯荡商海的制胜法宝。过去，为帮客户采购合适商品，他与地道的老广生意人一样，足迹几乎遍布整个珠三角。“比如，为了寻找智能手机的可靠货源，我经常往返于广州、深圳的各大电子卖场，有时一周要跑很多趟；而如果是采购家具和办公用品，我大多选择佛山的工厂。”

如今，通过亚马逊、阿里巴巴、京东等跨境电商平台，阿里的公司

□ 马里商人巴比·阿里·席德在广东做生意

实现了线上采购、线上出货，通过全球物流为海外客户提供更为细致、精准的服务。此外，他还自建了跨境电商网店，客户可以直接下单。“这些平台帮了我大忙，相关的物流业务则交给快递公司，我不用离开办公室和家，躺在沙发上就能做生意，更省时也更方便。”他说。

公立医院来了首位“洋医生”

1986年，美国人莫尔斯（Abraham Morse）来到中国，这次简短的旅行为20年后他职业生涯的一个重大选择埋下伏笔。

莫尔斯毕业于哈佛医学院，是泌尿妇科临床治疗和科研指导方面首屈一指的专家。2016年，他偶然发现广州市妇女儿童医疗中心的招聘广告，“他们当时在找受过西方教育的医生做泌尿妇科的主任，这是一个非常难得的机会”。

同年，他来到广州市妇儿中心出任这个职位，成为全广东第一位在公立医院任管理职位的“洋医生”。在他看来，学术研究方法和医学专业英语十分重要，对于本地医生来说，“如果他们能在权威的外国期刊上发表论文，这对妇儿中心将来成为一个全球认可的国际化医院是非常有利的”。

他认为，如果中国公立医院想要提高医疗服务水平，更好地与国际接轨，那么引进外国医生是非常关键且必要的。“这两年我们医院又招聘了3位全职的外国医生和一些外国研究员，这里的外国医生越来越多了。”

2018年2月，广州市妇儿中心和国际顶尖期刊《自然》共同举办了妇女儿童健康国际学术研讨会，莫尔斯兴奋地告诉记者，他负责接待一位“全球知名、非常优秀”的妇科医生，“如果不是这次机会，我根本没想到自己能见到她”。

现在，他每周都会出门诊，也培训部门的手术水平、学术水平。“我在这里生活和工作很开心。”莫尔斯说，广州逐渐让他有了家的感觉，希望在未来的许多年里都可以成为广州的一份子，参与到城市的发展中。

绘出广东与世界沟通之桥

贾斯汀·费舍尔（Justin Ole Fischer）认为自己比一些本地朋友更熟悉广州，“我刚来广州的时候，总喜欢周末乘公交车从这一头坐到那一头，再从那一头坐回来，就是想看看这座城市”。

他是一名定居在广州南沙的澳洲画家。2004年来到中国，去过深圳，也去过福州，而最终选择了南沙，一住便是12年。贾斯汀说：“南沙更适合我！”

“我的母亲也是一名画家，我在她那里继承了对色彩的热爱。”贾斯汀的画用色鲜艳大胆，十分抓人眼球。仔细观察，你还能发现异国情调装点之下的广州线索：岭南荔枝、广式骑楼、南沙渔民的帽子……

贾斯汀告诉记者，他有个朋友经营独立的皮革品牌，他受邀在其所生产的皮包上作画时，发现世界上色彩最多的颜料竟是指甲油！“广州有一家指甲油工厂，坐地铁2号线就可以到。”他画作上许多色彩正是来自这里。

广州也是贾斯汀发现梦想的地方，“艺术广东”的总策展人武少宁策划了他所参与的第一个大型画展，自那以后，他才意识到贯穿自己不同作

澳洲画家Justin Ole Fischer

品的独特风格，也开始对策展产生兴趣。

在他看来，广州繁荣的艺术市场、质优价廉的颜料和工具，对画家来说十分便利。在“艺术广东”，他不断拓展着自己的人际关系网络，除认识许多画家外，他还和“教授、政府官员、全球各大艺术机构的员工”等各个行业的人成为朋友。

“我觉得自己像一座桥，可以让广东和那些希望了解广东的国家向彼此开放，促进国际交流与合作。”贾斯汀说。

声音

尼日利亚驻广州总领事瓦勒·奥罗寇：广东已成为中非经贸联系最密切的地区之一

“广东已成为中国与非洲经贸联系最密切、合作基础最扎实的地区之一。”尼日利亚驻广州总领事瓦勒·奥罗寇（Wale Oloko）说，每年都有很多非洲人来广东经商、旅游和留学。现在已有10个非洲国家在广州开设总领馆。

“我用华为手机，常喝广东凉茶，家里的电器不少也是广东品牌。”奥罗寇表示，非洲人很久以前就来参加广交会，到广州小北、三元里做生意。

尼日利亚是非洲第一大经济体，地处“一带一路”沿线，是中国在非洲的第一大工程承包市场、第二大出口市场、第三大贸易伙伴和主要投资目的地国。2017年，中尼双边贸易额达137.8亿美元，同比增长29.7%。作为中国经济大省、外贸大省，广东与尼日利亚在劳动力、土地、自然资源、产业结构、资金、技术等方面有着极强的互补性。

每年，超过7万人次的尼日利亚人来广州从事商务、旅行、政务等活动，其中大部分是外贸商人。“无论你什么时候去深圳、佛山、东莞，总能看到非洲人采购电子产品、家具、瓷砖。”奥罗寇说，广东的商机很多，而且广州和非洲一些国家有直达航班，来广州相对方便。

大事记

“外资十条”及其修订版

◎将商事登记“银证通”服务拓展至“一带一路”沿线国家和地区，推行境外投资者商事登记就地受理及远程办理。

准入前国民待遇加负面清单

◎推行“多证合一”改革和负面清单以外领域外商投资企业商务备案与工商登记“一口办理”。将外商投资企业开办时间压缩至5个工作日以内。

国际贸易“单一窗口”

◎2017年，广东率先实现实现所有地级市国际贸易“单一窗口”全覆盖，海关通关时间压缩至9.8小时。2018年，将在全省口岸复制推广国际贸易“单一窗口”，将货物通关时间压缩三分之一。

（陈晓　陈加宁　王凯　尹珏文　袁子翔）

每年来粤工作外国专家超15万人次

他们见证从“广东制造”到“广东智造”

2017年《财富》全球论坛在广州举行，宣传片《我在广州等你》选取了5位在广州工作、生活的外国人，马可·马里奥·吉拉尔迪（Marco Mario Gilardi）是宣传片的形象代表之一。来自意大利的马可是广汽研究院首席技术官，2009年11月正式加盟广汽。

像马可这样的外国人才在广东有很多，他们用自己的热情与专业知识为广东的创新创业发展贡献力量。据国家外专局和国家统计局抽样统计，截至2017年底，每年来粤工作的境外专家超过15万人次，占全国六分之一，居全国前列。

近年来，广东省大力推进创新驱动战略，实施外国人来华工作许可制度、外国人永久居留等政策，为外国人在粤创新创业提供便利，让他们找到更广阔的事业平台。

在广东与创新团队一起成长

马可在加盟广汽之前，已经在菲亚特按部就班地工作了29年。他觉得自己需要一个新的挑战，便来到了广汽，“在这里找到了激情和目标”。

“我希望有一个从零开始的机会，翻开新的篇章，但也可以说不是从零开始，因为我以前已经有了很好的积累。”马可这样概括他的想法。

在开发广汽自主品牌汽车中，马可主要负责整车集成和车辆底盘两个环节的研发。为了完成外界觉得几乎不可能的任务——在2010年广州举办的亚运会上，让来宾坐上广汽自主品牌汽车。马可和团队周末不休息地研发，还要到外地进行实验。

在广州亚运会前夕，广汽集团首款自主品牌轿车“传祺”面世。“在这里，我和团队们一起成长，一起完成汽车梦想，这种感觉实在太好了。”马可激动地告诉记者。

来广州快10年，在广汽研究院也将近8年，马可的激情与创意仍然无限。如今，广汽除了要在传统型汽车研发领域做得更好，还要在新能源汽车研发领域冲在前面。马可因其创新与贡献，获得了第五届“羊城友谊奖”，并成为2014年度中国政府友谊奖获得者。

广东“智造”越来越好

“我来到广东后，这里几乎一切都在改善。不管是政府服务、学校、医院、交通，还是生活环境，都变得越来越好。”来自罗马尼亚的戈萨夫•克里斯蒂安已在广东居住了17年，觉得广东越来越宜居。

□ 来自罗马尼亚的电子设备工程师戈萨夫·克里斯蒂安（左一）与他的朋友

2001年，戈萨夫因为蓬勃发展的电子产业来到广东，两年后加入南德意志集团成为一名电子设备工程师，负责电子电气产品的质量检测，检测中国制造商出口欧美的产品的质量是否符合国际标准。

近年，我省从“广东制造”逐渐向“广东智造”转型，而戈萨夫就是广东制造业转型升级的亲历者和见证者。

“我注意到中国生产商不断提升产品的质量。”戈萨夫说，由于中国生产商提高了对产品的质量和标准要求，他所在企业的生意一年比一年好。

戈萨夫表示，不仅是广东的产品质量提升，科技产业也在进步。越来越多的广东科技创新企业走上国际舞台，比如广东的无人机、无人船，都达到了世界领先的水平。“我一直很关注广东科技以及经济发展的方向，以便确定我们公司的发展方向，很高兴看到广东走在科技产业转型的前列。”

支持外国人在粤创新研究

“我研究所需要的条件，广东农业科学院应有尽有。”采访中，艾哈迈德·尤西夫（Ahmed Mohamed Fouad Yousif）向记者表示，广东农业科学院动物科学研究所是他研究蛋鸭的理想之地。

尤西夫来自埃及，是广东农业科学院动物科学研究所在站的4名埃及博士后之一。广东的高温天气给动物带来不良影响，尤西夫的研究正好是如何减轻高温对蛋鸭繁育等带来的负面影响。2015年，尤西夫到了广州，一直致力于学术创新研究。

在研究期间，尤西夫以第一作者发表了10篇学术论文，其中有7篇被《科学引文索引》下的刊物如《英国家禽科学》等收录。广东农业科学院为他提供了很多实质性的帮助。在来广东之前，相关团队帮助他处理了注册、签证等整个申请程序；在生活方面，农科院给尤西夫和他的家人提供了住宿和补贴，生活上的便利让他能更加专注于研究。

近年来，广东不断优化人才服务，技术、企业等都得到发展与创新，国际合作交流日益频繁。接下来，为更好地服务来外国人才来粤创新创业，广东还将进一步扩大对外国人才的支持力度。

声音

秘鲁驻广州总领事戴维·加马拉：粤港澳大湾区吸引更多全球企业和高端人才

近年，广东先后实施了“外资十条”、服务粤港澳大湾区建设18项举措等，为外国人才办理居留、口岸签证、工作许可证等提供便利。

“我认为广东已经足够好了，它拥有吸引来自世界各地的人才所需要的一切。政府应该更好地向世界宣传和广播广东，让越来越多的人了解这个繁荣的地区。”秘鲁驻广州总领事戴维·加马拉为广东点赞。

加马拉认为，粤港澳大湾区是一个充满活力的区域，为经济和技术发展提供了许多机会。广东、香港和澳门这三个区域的连接将加速大湾区的一体化发展，也有助于中国的整体发展。“我相信，大湾区将吸引更多创新的全球企业和高端人才。”

加马拉说，他相信在大湾区里秘鲁和广东之间会有更多的合作。自

2010年以来，中国和秘鲁之间的自由贸易协定促进了广东和秘鲁之间的贸易往来。近年来，许多秘鲁商人来到广东，两地进出口贸易正快速增长。

大事记

外国人来华工作许可制度

◎2016年11月起，广东全面实施外国人来华工作许可制度，实现了“六个统一”，改变了过去工作中的两类行政许可界定模糊、在粤外国人工作交叉管理等情况。

支持广东自贸区建设和创新驱动发展16项出入境政策

◎2016年8月，广东开始实施公安部支持广东自贸区建设和创新驱动发展16项出入境政策措施，支持人才在粤创新创业。

“外资十条”及其修订版

◎2017年8月起，支持外资研发机构参与广东研发公共服务平台建设和政府科技计划项目。对纳入省创新产品清单的外商投资企业产品，实行政府采购鼓励措施。

（彭琳　潘诗雅　胡南　魏申　范晓雯）

在粤外国人生活保障不断完善，人才服务持续优化

“洋老广”有了当中国人的感觉

2018年8月，在距离家乡将近一万公里之外的广州，埃及动物学家艾哈迈德•尤西夫与家人再次团聚。尤西夫所供职的广东省农科院为他提供了一笔生活补贴和一套供全家人居住的人才公寓，更为他未成年的孩子解决了入学问题。

安居才能乐业。艾哈迈德•尤西夫一家在广州的经历是许多在粤外国人生活的真实写照。

广东逐渐成为外国人才来华的首选地。除了找到更广阔的事业平台，日益完善的生活保障也让他们减少了许多后顾之忧。现在，这些“洋老广”有了当“中国人”的感觉。

“我就‘生活’在广州”

“过去我想体检，需要提前很长时间预约。但现在一切变得更简单了，手续简便快捷了很多，当天就可以完成体检。”尤西夫感叹，“广东所提供的条件总是出乎意料的好。”

来自罗马尼亚的戈萨夫•克里斯蒂安有着相似的感受：“自从我来到广东，这里几乎一切都在改善。不管是政府服务、学校、医院、交通，还是生活环境，都在变得越来越好。”2018年已是戈萨夫来到广东的第17个年头，在他看来，广东发展日新月异，令人印象深刻。

17年前，戈萨夫被广东蓬勃发展的电子产业所吸引，并最终选择在深圳南山高新技术区工作，成为南德检测公司的一名电子设备工程师。

回忆起刚到广东的时候，戈萨夫说，当时他每6个月就要更新一次工作许可并进行一次体检，十分麻烦；而到了2005年，只要不换公司，就只需要更新工作许可，不需要再进行体检。“所以我感受到这里最大的改进体现在各类服务上。在深圳南山有个外国人服务中心，很靠近我的住处。服务中心的服务越来越到位，现在不仅有英文表格，就连工作人员也会讲英语。”这些细节的改善，让他收获感满满。

2009年，戈萨夫把太太和女儿一起接到了广东，很顺利就办妥了女儿在一家国际学校的入学手续。“学校的教育和服务质量都非常好。我听说整个广东省有二十几所学校为外国学生或华侨提供不同的课程。”戈萨夫说。

“其实不管是在英国谢菲尔德大学，还是在中山大学，我都是外国人的身份，我挺习惯做一个外国人的。但我相信，我一定能很好地融入广州，融入中山大学。”在2016年的就职演说中，中山大学资讯管理学院院长龙乐思（Miguel Nunes）如是说。2016年，葡萄牙人龙乐思来到广州，成为国内信息管理院系的首位外籍院长。转眼两年过去，龙乐思在广州

“找到了家的感觉”。

龙乐思的父亲曾在澳门生活过几年。“广州距离澳门非常近，而且澳门仍保留着非常浓厚的葡萄牙文化，这让我对我父亲和祖国的情感有所依托，这是我选择广州的原因之一。此外，广州的空气、环境也非常吸引人。”龙乐思告诉记者，他还发现，在广东，越来越多人能够用英语进行交流。

龙乐思有位中国太太，太太的思乡之情亦坚定了他当初的选择。如今，龙乐思院长住在中山大学提供的人才公寓里，如果需要到资讯管理学院所在的中山大学大学城校区，搭乘接驳校车便可以直达。

“外国人来到广东，往往觉得自己是来工作的。但我不是，我就‘生活’在广州。”龙乐思说。

“绿卡”制度带来更强归属感

除了生活质量的提升所带来的获得感，公共服务的持续优化亦让“洋老广”们找到了归属感。

2016年4月，广州市开始实施人才绿卡制度。持卡人可在购房、子女入学、职称评审、开设银行账户、申办工商营业执照、申领机动车驾驶证、办理机动车注册登记等九方面享受市民待遇。

“这是一项很给力的举措。”谈起人才绿卡政策，龙乐思赞叹有加。2016年，曾在英国谢菲尔德大学任教的他来到广州，成为国内信息管理院系的首位外籍院长，并很快申领了广州市人才绿卡。

“广东不仅要吸引人才，更要保持人才不流失。如果人才流失，他们所做的工作是很难持续的；相反，如果他们能够长期留下来，往往能磨合、组成一个稳定的团队，对产业发展的促进作用将不断增长。”龙乐思认为，广东的政策和环境为人才长期工作、生活提供了足够信心。

“在粤外国人会感到，留下来是广东所支持的。”龙乐思说。

“拿着这张身份证，我才终于有了当‘中国人’的感觉。”来自奥地利的司马高德也有着相似的感受。2017年6月，在广州经营餐厅的司马高德拿到了2017版外国人永久居留身份证。在此之前，他已在中国生活了十几年，并在2012年取得永久居留权。

新版的永居证由于内置芯片，与中国二代身份证功能设计类似，使用身份证阅读机器便可以读取持证人的姓名、性别、出生日期、国籍等资料，实用程度极大提升。

与此同时，龙乐思、司马高德等人也提出，由于未有相关规章制度，或是永居证号码与中国公民身份证号码位数不一致等原因，购买养老、失业保险成为一个棘手难题，在粤外国人退休后的养老问题仍是一个“痛点”。“这也是导致很多外国人不愿意长期居留的原因之一。”龙乐思说，希望各类绿卡能进一步提高适用范围。

声音

西班牙籍语言学教授拉斐尔·古兹曼·蒂拉多：启动外国人才签证制度意义非凡

2018年1月15日，广东省人社厅签发了首批《外国高端人才确认函》。西班牙籍语言学教授拉斐尔·古兹曼·蒂拉多成为首批获签的外国

西班牙籍语言学教授拉斐尔·古兹曼·蒂拉多供职于广东外语外贸大学

专家之一。这标志着外国人才签证制度在广东正式启动。

“这件事对我来说意义非凡，最大的好处就是往返各国更方便了！我很高兴，也感到如释重负。”拉斐尔说。

原来，拉斐尔同时兼任很多机构的不同职位，需要到不同的国家、地区工作，包括讲课、举办讲座或研究交流，很少在同一个地方长时间停留。2017年，他曾因西班牙和中国两国签证的问题，耽搁了很长时间。但现在，有了外国高端人才确认函，他在签证方面就没有后顾之忧了。

拉斐尔的妻子和孩子也因此获得了相应的签证待遇。“广东省启动外国人才签证制度是明智之举，这将吸引更多国外的人才精英。”拉斐尔说。

如今，这位语言学家得以在广州完成他儿时的梦想——学习中文，他甚至还开始学习中国传统武术。拉斐尔希望，有朝一日可以走遍广东。

大事记

外国人永久居留证管理制度

◎2004年8月，中国正式实施外国人永久居留证管理制度。截至2018年6月，已有320名外籍人士在粤获得永久居住权。

外国人才签证制度

◎《外国高端人才确认函》是中国向为国家经济社会发展需要的外国高层次人才和急需紧缺人才提供的签证通道。广东作为全国首批9个试点省市之一，2018年1月起实施外国人才签证制度。

（黄叙浩　陈晓　胡南）

“我是洋老广”纪录片

1分钟带你看“洋老广”与广东的24小时

25日，“向上突围”融媒体策划重磅创意产品，由南方日报、南方+客户端、南方英文网联合出品的微纪录片《洋老广的一天》，在2018广东21世纪海上丝绸之路国际博览会上进行了全球首映。

微纪录片通过24小时跟拍，记录下5位“洋老广”的一天。他们是会打咏春拳的南方航空外籍机长莫罗·马尔切桑（Mauro Marchesan）、助力恒大八次夺冠的巴西球员阿兰·卡瓦略（Alan Carvaloh）、哈佛毕业的“网红”洋大夫莫尔斯（Abraham Morse）、来淘金路“淘金”的马里商人巴比·阿里·席德（Aly Sidy Baby）和讲着一口流利粤语的新加坡厨师林猷冠（Lincoln Lin）。

微纪录片将用中文、英语、法语、西班牙语、阿拉伯语等多种语言通过包括CBS（美国哥伦比亚电视台）网站、美国雅虎新闻网等的全球主要新闻媒体网站及Facebook、YouTube等海外社交平台全球同步推出。

扫二维码看微纪录片《洋老广的一天》

改革开放40年，越来越多的外国人来到广东工作和生活。“洋老广”成为外国人参与广东发展的美丽注脚。

去佛山拜师学咏春拳的外籍机长

清晨六点半，白云机场。

来自意大利的机长莫罗·马尔切桑（Mauro Marchesan）已经开始了工作。

2012年9月，当莫罗初次踏上南粤大地，他对这里知之甚少。当时的莫罗大概也不会想到，在中国南方航空公司工作6年多，他已被熏陶成“广东通”：跟家人朋友联系用微信，出行打车靠滴滴，经常跟中国同事相约去地道粤菜馆觅食，甚至还跑去佛山拜师学起咏春拳……

2013年底，莫罗实现了自己多年的“武侠梦”。他在佛山正式拜咏春拳大师陆柏钧为师，开始学习武术。

除了学咏春，莫罗对在广东的生活表示非常满意。“越来越多像我这样的外国人，来中国工作、经商。我想这就是中国发展开放型经济带来的改变之一。”莫罗感慨道。

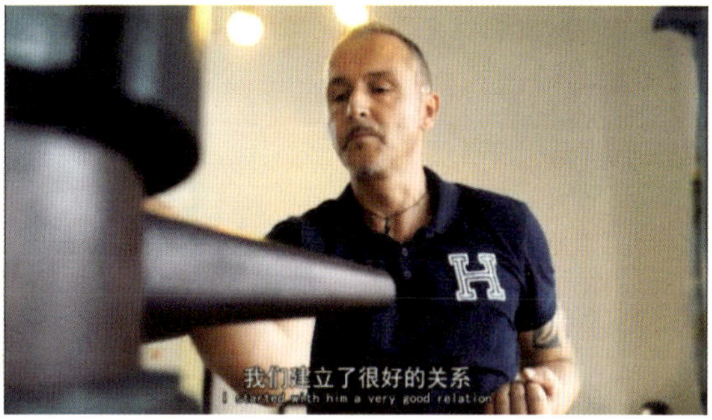

巴西籍明星球员在广东找到家的感觉

十点三十分，天河体育中心。

这是广州足球的福地，也是外籍球员阿兰·卡瓦略（Alan Carvaloh）的福地。

2016赛季中，阿兰在出场的35场比赛中射中18粒进球。在随后的征战

中，阿兰也无愧于恒大称之为“球场上的一把狂刀”。

来到广州之后，阿兰发现这里比他原本想象的要更加国际化。如今，阿兰的第二个孩子在广州出生、大儿子到了入学年龄，他惊喜地发现，广州不仅有中国学校，还有美国人、英国人甚至巴西人办的学校。

阿兰说，家人都很喜欢这里的生活，就医、就学都非常便利，“我在广东找到了家的感觉”。

哈佛毕业的洋大夫

下午两点三十分，珠江新城。

每天，莫尔斯（Abraham Morse）医生都乘坐公交车去上班，20分钟后抵达广州市妇女儿童医疗中心。

莫尔斯毕业于哈佛医学院，2016年他来到广州妇儿中心，担任妇科泌尿专科的科主任。

当记者提及他由于是全广东第一位在公立医院任职的“洋医生”而成

为“网红”时，莫尔斯医生大笑着说：“现在不是了！这两年我们医院又招聘了3位全职的外国医生和一些外国研究员，外国医生越来越多了。”

来广州“淘金”的马里商人

下午四点三十分，大沙头旧货市场。

“一分钱，一分货”，巴比·阿里·席德穿梭在商铺间，用流利的中文俗语与商家交谈。路过淘金路一家星巴克咖啡厅内，他点了一杯咖啡后，熟练地掏出手机扫码支付。“在中国，一旦有了手机，你哪儿都能去，什么都能买，太方便了！”他说。

阿里来自西非国家马里，八年前来到广东。如今，阿里带着家人“扎根”广州。他创办了自己的公司，从事跨境电商贸易，算得上是一名“广东通”。

如今，阿里和妻子、两个女儿、妹妹及妹夫一同生活在广州。有时，一家人会相约去广州酒家喝早茶。这些年，阿里交了不少羊城本地的朋

友。他说："广州包容多元的气息，让我有种宾至如归的感觉，我早已把这儿当作我的家了。"

讲着一口粤语的新加坡厨师

晚上六点三十分，广州富力丽思卡尔顿酒店。

后厨传来香气，来自新加坡的行政总厨林猷冠正在为客人准备菜肴。在家乡学习十余年烹饪后，林猷冠来到粤菜的发源地广东，寻求更高挑战。

祖籍广东的他，能说一口流利的普通话、粤语和英语，闲暇时间，林猷冠会在酒店附近的花城汇跑步，锻炼身体。来广州三年，他说见证了广州的快速发展。谈及最爱广东的三个关键词，他脱口而出："历史感、文化性和现代化。"

改革开放40年，"洋老广"见证并参与了广东的发展。

统计数据显示，如今有11万外国人在广东，他们中最多的是韩国人、日本人和美国人。

外资成为加快广东经济发展的催化剂，2017年，广东实际利用外资金额为229亿美元。广东一直是外企在中国的首选地之一，截至2018年4月，广东实有外商投资企业数量为151844家。

现代开放、包容多元、商贸便利，国际化的广东吸引了越来越多的外国友人在这里安居乐业。无论晨昏冬夏，他们的故事还在继续，与广东一起迈向更广阔的未来。

（彭琳　陈晓　胡南　张西陆　王凯）

五格漫画告诉你
“洋老广”为何选择定居广东

你知道目前有多少外国人在广东吗？答案是11万。他们中最多来自韩国、日本和美国，他们有一个很洋气的名字叫“洋老广”。

在11万的“洋老广”中，有会打咏春拳的外籍飞行员、爱吃白切鸡的网红医生、赛龙舟的恒大球员、在广州小北驻唱的外籍歌手和喜欢用移动支付的马里商人……“洋老广”到底是什么style？他们与广东又有哪些故事？五格漫画告诉你，他们为何选择定居广东。

意大利籍飞行员

Abraham Morse 医生

爱吃“白切鸡”，出门用“滴滴”

羊城网红“洋”大夫是这样的free style

广州恒大淘宝俱乐部巴西籍球员 阿兰

你只知道我在恒大踢球，其实，
我还在广州荔湾赛龙舟！

塞内加尔女歌手 塔布

来广州小北
我给你唱一首《粤非颂》

马里商人阿里•席德·巴比

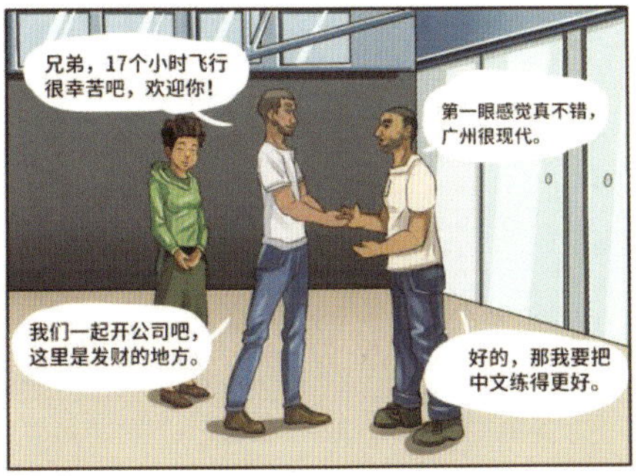

来广州8年，我做生意经常说

“一分钱一分货”

第五章 突围之志

粤商精神随时代变迁更富生命力和感染力

法国经济学家佩雷斯说，精神气质在一个地区的发展中起着关键性的作用。粤商精神源远流长，随着粤商群体的变化与时代的变迁，粤商精神的内涵与外延，在薪火相传的同时，也发生了一定的变化。重新梳理、总结和提炼粤商精神正当其时。在2017年粤商大会上发布的新粤商精神，必将进一步凝聚发展共识，汇聚发展合力。

变化一

粤商的籍贯构成更加多元

如今的粤商组成，早已不受籍贯区域所限。在中国近代史上，在生产力得到一定程度发展的封建社会后期和资本主义萌芽时期，由于区域经济、文化的差异，出现了如徽商、晋商和粤商等不同的商帮。改革开放以来，随着区域间商业活动的频繁与人员的加速流动，粤商的籍贯构成更加丰富多元，早已不局限于广东本土，这是粤商群体最大的变化，也是社会进步带来的必然结果。如今，公认的粤商，指随着中国改革开放成长起来的一代粤籍企业家和在广东创业起家的非粤籍企业家。我们现在看到的粤商群体，比如知名企业家任正非、马化腾、董明珠、雷军，包括曾经在广东起家的史玉柱，有很多都不是土生土长的广东人。

籍贯构成丰富多元，会带来异质文化与岭南文化的碰撞交融，这对粤商精神产生重大影响。早期的粤商精神主要受岭南文化影响，新时期的粤商精神继承和发扬了原有精华，同时也吸收了异质文化的精髓，地域性和特质性不如早期明显。岭南文化以开放与包容而著称，这增强了外来企业家的归属感，他们自认为“粤商”，正是认可广东良好的营商环境，也认同了粤商精神，粤商精神对他们的创业发展产生了深刻影响。

五湖四海的企业家汇聚于广东，与本地的企业家交往互动后共同组成了新粤商群体；他们所带来的文化与岭南文化产生碰撞交融，为新粤商群体赋予了新的粤商精神。

变化二

粤商的阅历背景更加丰富

如今的粤商主体，早已不是改革开放初期洗脚上田开厂经商的那批粤商。基于历史原因，改革开放早期的部分粤商是弃农转商，学历相对不算很高。由于广东作为改革开放先行地，只要敢想敢干，成功概率就较高，受学历局限较小。因而，这一批粤商的鲜明特点是敢于首个“吃螃蟹”，敢闯全球市场。广东人“敢为人先”的特质在他们身上表现得最为明显。

随着改革开放进程的推进，广东与中国经济社会发生深刻变化，随着政策红利、人口红利与土地红利效应的消退，能适者生存的企业家群体也在发生变化。同时，随着企业家代际更迭，第二代的成长，职业经理人出现蝶变，“海归”的持续涌入，高科技人才下海创业，互联网创业大潮兴起，新一代粤商的学历和阅历呈现高端化和国际化的特点。

在新粤商群体中，高学历者、高级工程师等比比皆是，以马化腾、丁磊等为代表的互联网粤商本身就是技术科班出身。胡润研究院发布的《英雄不问出处——2017胡润社会大学英雄榜》显示，前100名有全日制本科或研究生学历的上榜企业家住深圳的占11%，仅次于北京。

粤商整体学识素质不断提升与阅历视野更加开阔，将影响其性格特质与行为。粤商精神亦随之发生演变。

变化三

粤商的商业模式发生重大变化

如今的粤商商业模式，早已不是改革开放早期的“三来一补”“一铺养三代”或简单的差价贸易了。以上领域是粤商“第一桶金”的主要来源，也是粤商群体成长壮大到转型升级的必经阶段。由于“两头在外”，利润的获得主要依赖规模的增长，而无须借助品牌传播，这让粤商给外界留下了“闷声发大财”的根深蒂固的印象。

时移势易。旧的经济模式已越来越不适应社会发展，大浪淘沙，粤商群体内部发生剧烈变化：抱残守缺者被淘汰出局，创新引领者则如鱼得水。

如今，中国已成为世界第二大经济体，正经历从工业革命向信息革命转型的关键期，与全世界的经济联系日益紧密。这些变化深刻地影响着粤商的商业模式，而粤商的商业模式变革，也正在深刻地影响中国。

改革开放初期，粤商大多被动参与全球分工，缺乏核心竞争力，处于被支配地位；今天，一批粤企如华为、腾讯、美的，主动作为，创新引领，声名远播，成为世界级大企业。它们代表着区域与国家的竞争力。

变化四

粤商的营商环境发生深刻变化

新时期，良好的营商环境是广东竞争新优势的重要组成部分，也是粤商群体不断发展壮大、粤企良性发展的重要因素。

如今的营商环境，早已不是当年要“杀出一条血路”“见到红灯绕着走”的情形了。在改革开放早期的粤商中，有许多游走在政策甚至法律边缘的行为，胆子大的人更有机会发财。“搏一搏，单车变摩托”“行得快，好世界”。在今天看来，这些行为确实为建立市场经济体制起到了一定的突破和范本意义。

如今，党和国家明确鼓励、支持和保护民营经济发展，市场经济体制和法治社会建设也在日益完善，民营企业家的政治社会地位空前地得到提高。特别是广东历来重商氛围较为浓厚，政府法治意识和市场意识较强，甘为“小政府”，服务“大市场”。

对比上面四组新旧关系，就会发现所谓的粤商“低调”“务实”“胆大”“精明”等传统认知，都带有明显的地域性和时代性的烙印。上述传统认知，就是传统粤商的精神内核，当然应当予以高度评价并发扬光大。但是，结合上述的“新的变化”，粤商精神也必须顺应时代的变化，在传承的基础上推陈出新，形成具有时代特征和使命担当的新粤商精神。粤商精神随时代变迁而更富生命力和感染力。

（黄应来）

2018年广东企业家精神有何"变与不变"

2018年10月10日，第十五届中博会在广州开幕，为超过3000家境内外企业搭建了同台竞技的大舞台。

40年改革开放的历史，也是民营经济蓬勃发展壮大的历史。任何一段有关改革开放的叙事都不会忘记，正是星火燎原的企业家群体，顺应了改革也推动了改革。当前，国际政治经济形势风云变幻，在改革开放40周年的历史节点下，广东的企业家精神有何传承，又有何变化？广东正全面深入贯彻习近平新时代中国特色社会主义思想，抢抓粤港澳大湾区建设的重大历史机遇，企业家对未来有何展望？

2018年9月，在中央发布弘扬企业家精神文件一周年之际，南方报业传媒集团"向上突围"融媒体报道启动了"广东企业家精神"社会征集活动，在2017年“粤商精神”全球征集活动的基础上，通过社会征集、采访调研和大数据挖掘的方式，提炼了2018年的广东企业家精神特质。

经过半个月的社会征集，共收到有效词组近2万条、关键词近6万个。同时，南方经济智库运用大数据挖掘系统，搜集广东企业简介、2018年企业年报、企业家言论等公开资料中有关广东企业家精神的关键词，形成了这份2018年广东企业家精神关键词提炼的成果。

对比2017年的征集结果，大数据分析显示，开放、包容、敢为人先等关键词仍然高居榜首，而世界、自立、共赢等词成为2018年的“热词”，此外，担当、奉献、进取等关键词也被频频提及，彰显广东企业家对未来经济形势和企业发展的信心。

➔传承

“开放包容、敢为人先”代代延续

39年前的袁庚精神、蛇口精神像是一种基因，在改革开放的先行地为企业家部落垒实了深厚底蕴——

既囊括了放眼看世界的胸襟，也具备海纳百川的商业理想；既充满急流勇进的改革意识，还蕴含着兼容并包的情怀品质。

时至今日，改革开放的年轮来到40周年，“开放包容、敢为人先”仍然是提起广东企业家精神时第一反应。大数据显示，有关广东企业家精神的关键词中，频率最高的前十位中，有四个——“创新”“敢为人先”“开放”“天下”，都与这种精神传承相关。

腾讯公司董事会主席兼CEO马化腾就曾经在接受记者访问时，谈及广东企业家精神的承传。他曾说："我们那一届，还有我们看到的前几届，其实都有创业的心态，或者很敢闯的，对时间的珍惜，是很着急的心态，这种感受确实会更加强烈一点，也督促我们去抓住机遇。"

行业分析师、小小金融总裁刘小峰分析，改革开放后广东，迎来一波"孔雀东南飞"的热潮，孕育了海纳百川、包容万象的城市文明，给企业家提供了富足的环境，正是在这城市文明的鼓励下，走出了一批又一批具有开拓精神的企业家。

在与市场的交锋中，广东企业家受益于改革开放打开的制度空间，又反过来打开新的改革空间，使开放、包容、敢为人先等精神财富生生不息、代代传承。

➔变化

"自主创新、互利共赢"成为热词

与2017年粤商精神特质相同但又有变化的是，2018年广东企业家精神特质依然强调"创新"。在社会征集中，超过30%的词组提及"创新"，成为第一个高频词。与2017年不同的是，2018年的结果在强调创新基础上，"自主创新""开拓创新"成为热词，被广东企业家频频提及。

2018年以来，国际形势风云变幻，面对核心技术"等不来、要不来"，如何在竞争中取得主动，是时代给予广东企业家的一次考验，也是广东企业家精神再度迸发活力的关键。

"自主创新、基础研究决定了企业的深度和底蕴，决定了企业能走多远。" 格力电器国家重点实验室副主任胡余生表示，未来格力将继续聚焦核心部件的研发，力求攻克"卡脖子"的技术瓶颈。

风华高科董事长王广军认为，风华高科自组建国家重点实验室，有了自主选择研究的方向，摆脱了片容、片阻等电子元件受制于人的局面，“自主创新要久久为功，内化为企业的核心文化”。

自诩是80后、2018年80多岁的王殿甫是中国智能制造领域的“不老宝刀”。他的头衔很多——深圳赛格集团原董事长、创维集团董事局原主席、深圳电子商会创始人、深圳LED产业联合会原会长……对于制造业他有着使命感和紧迫感。“我们这代人还是有理想主义情结。”他坦言，技术、管理的落后一直是他对制造大国自力更生的心病，自己会继续围绕这个使命去奋斗。

值得一提的是，数据结果中，强调“自主创新”的词组里“共赢”“互利”等关键词同时出现的比例超过40%。自主与互利，在广东企业家群体中成为看似矛盾的共存体。

广东白云电器有限公司董事长胡德兆在2018年上半年“粤商·省长面对面协商座谈会”上的发言，可以作为这种现象的解释。“坚持独立自主，坚持互利共赢，这条路我们走了40多年。”他认为，自主创新的白云走出了从传统实体经济向智能制造转型的道路，但我们也倡导建立创新联盟，把同行业、跨行业的资源整合在一起，把广东企业家的精神整合在一起，实现互利共赢。“中国对外开放的大门只会越开越大，世界互利共赢的潮流没有企业可以逆转。”

粤菜讲究“和味”，在商业世界，这种“和味”更多体现为广东企业家精神中的合作与共赢。“李锦记百年传承的基石，就是来自于‘思利及人’这一核心企业文化。”李锦记酱料集团主席李惠中认为，做事要有“直升机思维”，既要站稳自己的脚跟，又要站在全局的角度去考虑整体利益、关注对方感受。

➔展望

“担当奉献、拼搏进取”彰显信心

如果说40年前的企业家们庆幸的是冰河解冻，那么今天的企业家则更有机会在大河行船。我国经济已由高速增长阶段转向高质量发展阶段，这是新的机遇，也是新的挑战。

当前，国际经济形势风云变幻，企业转型升级迫在眉睫。面对“国进民退”“民营经济离场”的喧嚣，广东企业家对未来表现出镇定、信心。在社会征集结果中，“担当”“奉献”“拼搏”等关键词进入高频词前十位，特别是在大数据系统搜集的2018年企业社会责任报告中，与这三个关键词同义或相近的关键词出现比例高达54%。

“立白感受到了更多紧迫感和责任感，但我们一定会跟上时代，还要引领时代。”立白集团董事长陈凯旋表示，立白一开始就面临和世界500强竞争的局面，他们从来不怕困难，只要敢想敢做，一切困难都可以解决，一切目标都可以实现。

“改革开放以来，党中央始终关心支持爱护民营企业。我们毫不动摇发展公有经济，毫不动摇地鼓励、支持、引导、保护民营经济发展。”习近平总书记在辽宁忠旺集团考察时的这一番重要讲话，让民营企业吃上了“定心丸”。习近平总书记同时提出，要为民营企业营造好的法治环境，进一步优化营商环境。

在知名媒体人秦朔看来，一个能够“量产”伟大企业家的地方，城市本身有着伟大基因。清华大学教授钱颖一曾表述：深圳是政府干预少、政府服务意识强的地方。深圳是践行市场在资源配置中起决定作用的先行者，如今也成为释放企业家精神和活力的先行者。

深谙这个道理的广东，已经率先行动，打出了重塑营商环境新优势的“组合拳”，仅仅在9月，相关政策就密集落地：9月5日，广州发布扩大金融开放十条，大幅放宽外资准入限制及外资股比；9月10日，广东公布“实体经济十条”修订版，计划3年降低企业成本超过2000亿元；9月13日，广东“外资十条”修订版出炉，允许在九大领域设立外商独资企业……

“对比在全国的生产基地，广东的条件好、营商环境好。”这是比亚迪股份有限公司董事长兼总裁王传福在2018年上半年“粤商·省长面对面协商座谈会”上的表态，对于未来扎根广东发展，王传福坚定不移、信心满满。

能够让企业家精神自由释放，与城市同呼吸共命运，正是广东城市的独特魅力所在。如今，广东企业家与城市生态水乳交融，正上演着一派“海阔凭鱼跃”的场景。

延伸

南方日报持续追踪提炼广东企业家精神，打造大数据品牌项目

改革开放40年来的发展，为广东企业家精神注入了新的时代底色。提炼概括新时期广东企业家精神，不仅是粤商群体及社会各界的共同诉求，也将为广东在新起点上再创新局提供强大精神动力。

2017年，为配合粤商大会的召开，南方日报、南方+客户端推出了粤商精神全球征集、“我眼中的粤商”主题征文、粤商精神全球人调研、粤商精神研讨会数据挖掘系统、粤商云五大产品，发动线上线下、省内省外、国内国外等十大渠道，形成了贯穿活动全过程的立体互动传播体系，短短半个月时间内就发动了上千万人次参与。

2018年，秉持移动思维、用户思维和数据思维，在2017年数据挖掘系统的基础上，南方日报、南方+客户端推出广东企业家精神社会征集第二季，通过社会有奖征集、企业调研、广东企业家精神大数据挖掘等手段，进一步完善广东企业家精神特质词条库，并形成2018广东企业家精神提炼成果报告。

未来，南方日报、南方+客户端将基于这套逐渐成熟的数据挖掘系统，持续追踪提炼广东企业家精神特质，打造成为大数据品牌项目。

（袁佩如　李赫）

莞商是一群什么样的人

很多人听过粤商、晋商、徽商、浙商、闽商这些响当当的商帮名称，有谁听过莞商？有谁谈论过莞商？少之又少。

实事求是地讲，中国改革开放之前，鲜有“莞商”之说，甚至连东莞本地人也无法给读者一个“莞商”的确切定义。孩子早就生了，但一直还未命名。

升了富了不变形

2014年，中山大学中文系主任李炜曾指导11名大学生对身份地位各异的东莞人进行了长达两个月的访谈调查，并与逾百位访谈对象“保持了最大的民间立场”，以探秘东莞人的性格密码，并采写出版了《东莞人：

讲出自己的故事》一书。李教授在此书序言中概括说："莞商乃至东莞人，最突出的特点就是'升了富了不变形'，就是说无论升官或发财，他们还是该干吗就干吗，以前啥样儿还啥样儿，不像我常常在其他某些大城市所看到的那样，一旦升了、富了，就变着法儿地显摆，生怕人家不知道，一个个要么目中无人，要么器宇轩昂，好像一定要镇住你而后快似的。"

这个评价，笔者认为是恰当的。有一个事实可有力证明，东莞的富豪发家前大多是农民，但他们从不讳言自己的出身，无论是面对高官，还是普通市民或媒体，他们都坦言事实。比如龙泉的张佛恩："我原来是开拖拉机的"；宏远的陈林："我是种田出身的农民"；鸿福的梁锦枝："全东莞都知道我原来是卖咸鱼的"……

采访中，一位不愿意公开姓名的莞商说："我农村出身，只读过小学，打过工，要过饭……"话语坦诚，让笔者内心极受震动：一个商界大亨，时刻铭记自己的疾苦，并且毫不掩饰，实属率真而难得。

这个社会，有太多表面光鲜亮丽的人，却在使尽浑身解数竭力掩饰自己曾经暗淡的过往以"洗白"自己，以塑就原本就是尊贵命的形象。

而眼前这个亿万富翁，却在并不熟悉的笔者面前，三言两语之间，便自然地提及自己的贫寒出身及悲苦经历，眼眶里竟然泛起了感慨的泪花。此情此景，让人动容。

相信真正熟悉东莞的人都知道，在东莞你很难凭借穿衣打扮、座驾乃至气质来判定谁是富人。因为他们拥有的财富，根本不需要通过这些外在的东西来彰显。甚至如果你某天穿得西装革履的出门，朋友也许会好奇地问道："你什么时候改卖保险（做直销）了？"原来，在东莞，只有推销员才会穿得一本正经，其他人都穿得随随便便，干净舒适便可。可某些大城市，就听说有不少人为装阔而借钱或贷款买悍马、路虎，人借车贵。这在东莞人看来纯属"戇居"。

探秘东莞人为何"升了富了不变形"，李教授认为这与他们在精神上的某些传承和坚守密不可分，至少有以下几个方面原因：一是重情义；二是诚信；三是勤力（比勤奋更加卖力）；四是低调谦虚；五是务实明理；

六是包容并蓄。笔者也试图为莞商精神“厚德务实，敢为人先”的形成进行探源：岭南历史文化的哺育，海洋文明的塑造，家风家教的传承，移民文化的助推，经济发展的促动，性格个性的养成。

遗憾的是，似乎有太多的人对东莞及莞商存在误解和偏见：东莞靠剥削廉价劳工发家，东莞老板没文化，莞商是暴发户。各种道听途说、人云亦云、似是而非的嘲笑与谩骂，此起彼伏。以至于过去很多人一听到“东莞”这个名字，一般都会暧昧地对视一眼，会心地怪笑或坏笑几声。

2014年年初，《中国青年报》著名评论员曹林撰文说，以前他也是这样，听到东莞时也会这样暧昧地坏笑，但当他有一天看到一条关于东莞的新闻后，便意识到这种暧昧坏笑会在无形中给东莞人带来伤害。这条新闻说，现在不少在东莞工作的人都不敢跟家人说在东莞打工，而是含糊地说“在广东打工”。在这里工作的女白领，更是竭力避免提这个名字。一些到东莞出差的人，也不敢跟家人说到这里出差。原因很简单，害怕外人的想象力，担心外人那怪异的目光和暧昧的坏笑或怪笑。

其实，很多人只是把这当成一种调侃和玩笑，但没想到这种像病毒一样的玩笑，在东莞人心里投下了许多挥之不去的阴影，更给那些生活在这座城市中的“无辜的绝大多数”带来了许多有形无形的伤害。

千百年来，莞商源远流长，但它的历史、文化、商道精神等却没有被系统地挖掘和提炼。相反，社会上流传着各种关于东莞及莞商的传言与疑问：东莞凭什么创造出这么多的经济奇迹？莞商为何会有这么多人上了富豪榜？（据2017年胡润全球富豪榜，至少15名富豪与东莞有关。）莞商为什么如此低调？莞商是没文化吗？

有肉藏在碗底里

那么，众说纷纭的莞商，究竟是什么样的人？笔者在长篇报告文学《东莞商帮》中，这样描述莞商——

莞商是一群特别务实的人。广东人的务实是出了名的，而莞商可以归入广东人里最务实的那一群之中。莞商不喜欢过于宏大的叙述，不喜欢大鸣大放，不喜欢出风头、抢镜头，他们在实践中喝到了“头啖汤”，得到了最大的实惠，这就够了，着实是“有肉藏在碗底里”。所以，他们宁愿生活保持着一种平稳而恒久、不急不躁、细水长流的状态。莞商有着最务实的政治观，就像抗击“非典”的英雄钟南山院士所说：“做好自己的事情，就是最大的政治。”

莞商是一群特别勤奋的人。东莞人有一句名言叫“顶硬上”。这是明代莞人袁崇焕的口头禅，也是莞商精神的核心价值之一。只要认准了方向，他们自有一种“铁打心肝铜打肺，立实心肠去捱世”的毅力，无论路有多难走，硬着头皮也要走。20世纪80年代初，洗脚上田的莞商，义不容辞，扯起大旗，毅然上路，充当起开路先锋。他们开基创业，修公路、建码头、盖厂房，招商引资、铺路搭桥，手胼足胝、艰苦打拼，创造了“东莞奇迹”。

莞商是一群特别敢闯的人。在谈论广东人的性格时，人们常会提到“敢为天下先”。这也是莞商一种鲜明的文化精神。东莞不是经济特区，却义无反顾地充当起改革开放的“排头兵”“桥头堡”，莞商用他们的铁肩，扛起漫天的风雨。中央和省里没有给予的政策，东莞全力去争取；中央和省里已经给予的政策，东莞用足用透。正是在“敢为天下先”的信念的推动下，莞商办起了全国第一家“三来一补”工厂，并由此起步，发展成“世界工厂”，以至于“东莞一塞车，全球都缺货”。

莞商是一群特别低调的人。务实的东莞人不太懂得争“话语权”。福建人陈振龙在明代引进了番薯，又是请官府推广，又是著书立说，又是盖先薯祠，大锣大鼓地宣传，还请历史学家详加考证，描画出番薯从福建传向北方的路线图，弄得满天下的人都以为福建人是种番薯的鼻祖。

其实，闽人引进番薯比莞人晚了十几年。可东莞直到2011年，才在虎门为引进番薯第一人的陈益立了一尊塑像。由此可见，莞商之低调，由来已久。

在胡润的中国富豪榜上，东莞与深圳、广州、北京、武汉等地并称为中国富人聚集地，但唯独东莞让胡润大感头痛，他对媒体记者诉苦说：在对广东富翁的调研中，东莞的难度最大，主要是东莞富翁太低调。事实上，那些被列上胡润富豪榜、福布斯富豪榜的东莞富商，几乎没有一个是乐意的，张茵、莫浩棠等上榜莞商甚至还发律师函表示抗议，更不用说主动配合了。

（卢忠光）

从“跟”到“领”，深圳向源头创新跃升

提到深圳，不少人都会联想到“创新”。一批创新弄潮儿涌现，一批引领创新趋势的院校、企业不断亮相国际舞台：

启动“十大行动计划”以来，深圳已引进5所诺奖得主科研机构，涉及生物和医学、新材料和新能源等领域；南方科技大学、深圳大学、港中大（深圳）等高校正在为深圳增强源头创新力；华为、大疆、光启、柔宇、华大基因等深企的产品引领行业趋势……

事实上，人类科学技术发展的规律，无论是半导体、激光、无线电、雷达，还是现今广泛使用的互联网，无一不是先在实验室有源头创新，然后完成工程化，最后实现广泛的大规模的产业化，从而带来全社会的变革。

南方科技大学

从一批影响世界的创新企业集群，到源头创新领域深度布局，深圳正以更广阔的国际视野，加速推动世界一流的科技人才和创新资源流动。

“这座城市不仅扶持创新，还宽容失败”

深圳将再添一所诺奖得主科研机构——马歇尔生物医学工程诺奖实验室拟在深圳落成。启动“十大行动计划”以来，深圳已授牌成立4个诺奖得主科研机构：深圳格拉布斯研究院、中村修二激光照明实验室、香港中文大学（深圳）瓦谢尔计算生物研究院、香港中文大学（深圳）科比尔卡创新药物开发研究院。而将来深圳计划建十大诺贝尔奖科学家实验室。

不仅招揽全球顶尖人才，诺奖得主科研机构更体现着深圳对全球前沿领域和新兴产业的布局。5所诺奖得主科研机构涉及生物和医学、新材料和新能源等领域，其研究方向都与深圳战略性新兴产业相吻合。顶尖人才牵头，让实验室与产业基础结合，最终目标便是希望破解源头创新难题，让深圳在一些领域真正登顶世界尖端。

“这里（深圳）是中国的硅谷，这个城市的气质是适合高新技术发展的。”2005年诺贝尔化学奖得主罗伯特·格拉布斯对深圳的创新环境赞誉有加。

引进诺奖得主之外，位于深圳的高校和科研院所取得的创新成就同样不容小觑，它们正在为深圳增强源头创新力、融入全球创新体系提供重要的推动和支撑。

一直以来，手术、放疗和化疗被称为是癌症治疗的三大模式，以放疗为例，其疗效受到射线辐射剂量和增敏剂毒性的极大限制。开发高效低毒且同时具备诊断与治疗功能的放疗制剂便具有重大意义。11月初，中国科学院深圳先进技术研究院（简称“先进院”）发布消息称，喻学锋研究员课题组与暨南大学陈填烽教授等合作，设计合成了一种二维片状结构的靶向纳米体系，实现了肿瘤靶向放射治疗。先进院成立于2006年，是中国科学院百余院所中唯一与香港共建的研究机构。

此前，南科大“孔雀团队”第三代基因测序仪发布。该校生物系副教授贺建奎创办瀚海基因，自主研发第三代基因测序仪GenoCare，这是目前全球准确率最高且唯一定位于临床应用的第三代基因测序仪。

深圳大学则通过搭建科研平台、引进高层次人才、加深与区域合作、鼓励教师将专利技术和企业进行嫁接等方式，加速科研成果落地转化。获深圳科技奖市长奖的77岁深大电子科学与技术学院教授李景镇终其一生探索“一瞬即逝”过程中所发生的物理、化学和生物图景及其变化规律，为我国现代国防和航空航天等尖端科技发展做出了突出贡献。李景镇说：“创新是深圳的灵魂。这座城市不仅扶持创新科研项目，还能宽容失败，这是深圳能发展的根源所在。”

“是前沿科技诞生地，更是产业成果转化地”

“不仅是源头创新、前沿科技诞生地，也是成果产业化之地。”香港中文大学（深圳）科比尔卡创新药物开发研究院执行院长朱宝亭的话代表着科学家们对深圳的期望。

引进顶级人才，带来尖端技术之后，促进新技术的产业化正是深圳

□ 2011年郑炜于香港科技大学电子与电机工程专业获博士学位，同年成为中国科学院深圳先进技术研究院副研究员

的一张“王牌”。“深圳更适合科研成果产业化——这里不断涌现巨头企业，论文不再锁于抽屉，而是能直接把它‘变现’，创造更多价值。”先进院副研究员郑炜说。

2011年于香港科技大学获博士学位的郑炜，选择跨过蜿蜒曲折的深圳河，来到对岸的“创新之都”。他想在这里研发新型光学显微成像方法，从而探索基础生物医学问题，“相较于香港，深圳的科研成果产业化步伐更快”。

今年6月，清华—伯克利深圳学院“生物传感及医疗大数据联合实验室”推出的噬菌体示色传感器等最新3项科研成果，被专家评价为“国际尖端”“世界领先”。其背后，是清华—伯克利深圳学院与深企光聚通信合力打破欧美技术垄断的一个缩影。双方为何能牵手成功？清华—伯克利深圳学院想借助社会力量将科研应用于现实，光聚通信则想借助高校力量强化行业科研优势。

同样引人注目的，还有在深圳不断萌芽、生长的创新企业，它们是促进源头创新科研成果产业化的“催化剂”，更是成果落地的基石。

时间回溯到2009年，刘若鹏在美国杜克大学攻读博士学位期间，他所在的科研团队利用超材料技术研制出“隐形衣”，一时轰动业界。次年，刘若鹏与4位小伙伴来到深圳成立光启高等理工研究院，核心技术便是超材料。

“超材料在世界范围内都属于前沿创新学科，超材料智能结构及装备产业化在全球范围内亦属空白领域。”刘若鹏告诉记者，未来，光启将率先实现超材料智能结构及装备产业化，引领该领域工程化、产业化的普及应用。

对于企业而言，要想成为行业领导者，源头创新必不可缺，探索产学研融合之道更是重中之重。去年央视春晚，优必选研制的540台Alpha机器人整齐划一地舞蹈成为“网红”。在今年落幕的亚洲消费电子展上，大疆创新展示了挥挥手就能操控、只比手掌略大的“晓”Spark无人机。“我们首先要聚焦源头创新，再把规模和影响力做上去，‘江湖’地位和层次会随着时间的推移慢慢形成。”中国科学院深圳先进技术研究院院长助理、深圳市机器人协会秘书长毕亚雷如是评价大疆、优必选等深圳创新企业。

“这座城市正在改写世界创新规则”

英国知名刊物《经济学人》曾这样形容深圳：这座城市正在改写世界创新规则、培育一批影响世界的创新型企业集群。

“来自深圳的大疆创新已成为世界无人机领域的领导者，华为在全球智能手机领域排名前三。”美国消费技术协会（CES主办方）总裁兼首席执行官盖瑞·夏培罗对记者表示，深圳有成为世界“创新之都”的潜力——“深圳有很多制造型企业，它们的生产能力很强，这里还有不少好的大学，深圳有能力在源头创新方面有所作为。”

源头创新离不开政府的作为和布局。深圳沿着产业变革的方向，已率先布局了生物、互联网、新能源、新材料等七大战略性新兴产业，并前瞻性布局了生命健康、海洋经济、航天航空、智能装备等未来产业。

近5年来，深圳市政府不断加强创新体系顶层设计，以制度创新、政策创新推动科技创新。深圳战略性新兴产业增加值从5年前的3000多亿元增长到如今的7000多亿元，年均增速达到15.9%。去年，深圳出台了促进科技创新、支持企业提升竞争力、促进人才优先发展、加快高等教育发展、完善人才住房制度五大政策体系，为科技成果转化、人才引进、知识产权保护等提供了重要的制度保障，也进一步构建起了公平、开放、透明的创新市场环境。

“作为改革开放的前沿阵地，深圳一直具有创新精神、务实精神、开放精神。这座城市吸引了世界各地优秀人才聚集，加上政府敢于尝试，未来将会有越来越多的科创成果领跑世界。”柔宇科技创始人、董事长兼CEO刘自鸿认为。3个月前，柔宇迎来了5岁的“生日”，这家全球成长最快的独角兽科技公司之一，已经聚集来自15个国家和地区的1000多名人才。厚度仅有0.01毫米的全球最薄彩色柔性显示屏、投资超100亿元的全球首条类6代全柔性显示屏量产线、全球第一款可弯曲穿戴手机等都是其“代表作”。

尽管拥有“天时地利人和”的优越条件，但深圳发展源头创新并非一帆风顺。“硅谷之所以能发展迅速并保持领先地位，与其丰富的教育资源有很大的关系。”刘自鸿有着自己的观察，“斯坦福大学等高校为硅谷输送了大量的人才，这些高校从全世界招募学生，并由硅谷的企业投资培养，再输出学生到当地企业。这样一套良性循环系统，对于当地的发展帮助极大。”他认为，如果深圳能有更多的教育资源，会加速其国际化进程，增强其源头创新实力。

“对于行业而言，缺少的不是跟随者，而是领跑者。”光启创始人刘若鹏同样认为，未来深圳应在产学研深度融合、源头创新和产业化发展模式的探索上做更多努力。

样本

光启的源头创新路径：研究院+企业+创新平台

银灰色、科技感十足的“云端号”飘浮在东莞上空，这一空间大数据平台，能为城市综合治理和决策提供辅助；临近空间飞行器“旅行者”3号，在新疆携带一只活体乌龟成功进入海拔21公里的临近空间；成立迄今，专利申请总量超过4400件，其中超材料领域专利申请量占该领域专利申请总量的86%……

这些曾经需要大院大所、顶尖高校才能完成的科研成果，均来自一家深圳企业——光启集团。几年的时光，光启已从5个人的小微创新团队发展到拥有2000多人的全球化创新企业。

在体制创新上，光启形成了“研究院+企业+创新平台”的发展模式，奠定源头创新的科研和产业化发展道路。研究院致力于国际新兴尖端交叉科技的研发，一系列产业化公司致力于市场开拓，国家重点实验室、企业博士后工作站等创新平台在人才、技术、标准等方面提供强有力的后盾。

此外，光启还开创了立足深圳、分布全国、布局全球的创新国际化发展道路。光启全球创新共同体（GCI）横跨五大洲，创新机构分布在21个国家和地区。

（苏梓威）

佛山企业身边“三众”平台背后的浙商

上午到佛山高明的众塑联，下午到禅城的众陶联。这是蓝源资本广东分公司总经理江皓，在上周某一天的行程。

实际上，半个月前，随着在顺德均安发起的众衣联的成立，江皓每月必须定点“报到”的佛山企业已经增加到三家。这背后，正是基于从众陶联、众塑联再到众衣联，在佛山频出的“众字辈”平台中，这家来自浙江的企业，既是参股发起方也是平台的顶层设计方。

“接下来还会有新的佛山‘众字辈’平台出现。”据江皓透露，目前蓝源资本还在与佛山其他的传统产业进行沟通洽谈。

值得一提的是，在佛山目前已有的“众字辈”平台中，发起者不乏各自行业内“咖位”一线的企业。

那么，在传统产业抱团触网早已不是新鲜事的情况下，“众字辈”平台凭何能吸引佛山不同传统产业大佬们的加盟？当这位浙商站到越来越多佛山企业“大佬”身边时，“众字辈”所代表的商业模式，是否真的能从佛山传统产业中，改造出“独角兽”企业？

“众字辈”背后的资本推手浮现

算上半个多月前刚刚成立的众塑联，在佛山，短短一年多的时间内，已接连出现了三个“众字辈”平台。

李重光所在的众陶联正是佛山的第一个“众字辈”平台。

2017年3月，由东鹏陶瓷、新明珠陶瓷、中国陶瓷集团等多家佛山陶瓷界一线“大佬”共同发起的，采用“B2B+O2O”模式，旨在打造出一个让陶瓷行业采购方和供应方直接对接的平台——众陶联正式成立。

仅一年的光景，在佛山顺德和高明区两区，又出现了新的“众字辈”平台。

2018年6月，在中国合成革产业基地上，作为“众塑联”产业平台发起人，27家企业负责人齐聚高明进行集体签约，一个提出要整合全国塑料资源的产业平台正式诞生。

两个多月后，在2018年8月底，提出要为“牛仔产业提供更多可能”，贯彻供给侧结构性改革有益尝试的平台——众衣联在顺德均安成立。

对比这三大平台不难发现，三个“众字辈”的接连出现并非偶然。

一方面，从成立的目的上看，三大平台都剑指供给侧结构性改革。

三者中较早起成立的众陶联从成立之初就被冠以陶业“阿里巴巴”之称，在佛山当前推进供给侧结构性改革的背景下，企业更是被期待能够成为“先手棋”。

而另外两个平台，资料显示，众塑联平台的成立，是希望通过对传统塑料产业的供应链进行深度优化，从而实现产业价值链的整体效能提升。同样地，在顺德发起的众衣联也提出了要以资源整合为主要内容，推进供给侧结构性改革。

另一方面，三个平台之间，在顶层设计上都采用了“产业+互联网+金融资本”的路径。

这样三个看起来几乎是“复制”“粘贴”出来的平台，除了发起企业“咖位”都隶属于各自行业中的一线代表，在三个不同产业平台的发起名单中，唯一一个共同的名字正是，蓝源资本。

那么，蓝源资本是谁？

资料显示，这家成立于2010年的浙江企业，正是“众字辈”平台的顶层设计方，早在此前，蓝源资本在全国已推出了不少“众字辈”的平台。

其中，2014年，在餐饮领域，蓝源资本与国内餐饮集团小南国和向阳渔港联手，打造餐饮行业的“B2B+020”全球采集平台“众美联”，300多家餐饮企业成为平台合伙人。

“目前我们已经在国内拥有15个‘众字辈’平台，其中广东拥有4个，佛山占了3个。”江皓说道。

浙商瞄准佛企转型下的“蛋糕”

显然，这家浙商把佛山作为切入广东市场的第一站。

而按照蓝源资本设计的模式，任何一个“众字辈”平台似乎离不开行业一线企业的力量。那么，对于一个外来金融企业，如何快速实现与佛山多个传统企业界大佬们的结盟？

“和一般的VC、PE相比，我们并不是一个简单的投资行为。”江皓表示，早在7年多前，蓝源资本业是以投资行为为主，但如今的蓝源资本则是瞄准产业链的整合，做行业系统的解决方案。

这样的企业定位下，江皓认为，这种合作实际上是一种需求的对接。

从资本方的角度看，蓝源资本首先看中的是佛山传统产业嫁接产业互联网后带来的资本效益。

这体现在蓝源资本在选取合作对象时，对于产业规模的严格要求。从蓝源资本的角度，被选中的区域产业必须满足在产业集聚地有200亿元以上的产值，且该产业在全省达到1000亿元，在全国必须有5000亿元的规模。

“达到这样的产业规模，这才有资本介入的意义。”江皓说道。

另一方面，要打造产业整合型平台，关键还在于企业之间必须有着强烈的抱团转型意识。

而这恰恰是佛山不少传统产业的发展现状。

以陶瓷为例，这几年受房地产行业的影响，产能过剩、终端销售受阻等说法在陶瓷行业早已盛行。但相比此前仅是一些靠要素资源优势，走低端路线的陶企受影响，如今似乎中高端市场也已经无法幸免。

“中高端市场也打起了价格战。”众陶联总经理蔡初阳表示，在国际市场受反倾销、意大利高端瓷砖产区也发起价格战等影响，国内陶企销往欧洲等地的高端产品遭受价格下滑的压力。

在国内市场，基于因为互联网家装、精装房等的兴起和推广，国内中等消费者的价格预期也正在被拉低。“市场倒逼了企业。”蔡初阳认为，陶瓷行业持续几年的低迷以及走中高端路线不再幸免于难的现状，让越来越多的陶企意识到抱团取暖的重要性。

在高明的塑料行业也同样有这样的抱团需求，并且在此前已经付诸行动。

□ 东鹏陶瓷从研发到生产一直十分注重产品的专利保护

据悉，早在2012年，辖区内塑料企业就共同出资成立广东万方投资有限公司，建立起佛山市塑料制品国际采购中心和“万塑汇”原材料大宗交易平台，首次迈出高明塑料行业抱团合作发展的步伐。

从资本方的角度看到佛山传统产业转型的资本价值，而从佛山传统产业角度，它们则有着迫切抱团转型的需求。

似乎正是这样需求的对接下，牵引出新的组合，“浙江金融投资企业+佛山产业大佬”。

新组合欲造佛山“独角兽”企业

那么，新组合会产生怎样的化学反应？

“我们希望通过产业互联网，打造出佛山的独角兽企业。”江皓说道。

在具体实现路径上，他总结为“三大阶段”，首先是要完成业务流的跑通，也就是要通过单品的方式，把整个商业模型做起来。

以众陶联为例，2017年成立之初，众陶联在原料的采购上，采取单品突破的方式。比如率先推进诸如硅酸锆这类价格相对较贵的陶瓷辅料采购。由多家陶企抱团发起成立的众陶联产业平台，借助“一带一路”的机遇，大力开拓发展海外市场。

在这样的基础上，平台的第二步是逐步把产品跑全，在达到一定的品类丰富度后，到了第三步再做采购量。“这样，整个采购系统就能实现信息流、资金流和物流的三流合一。”

“完成这三步后，就可以开始做生态系统的规划。”江皓表示，在这之后通过产业整合，可以垄断行业内至少过半的资源，形成资本视角的竞争交易壁垒，价值优势自然就能够形成。

这样的模式用在佛山的产业上，从目前来看似乎正发挥它的作用。

以佛山已有的3个“众字辈”平台中，“年龄”最大者，即18个月大的众陶联来看，在2017年佛山政府工作报告中，作为当时成立刚满一年的众陶联就已经以“模范生”的身份出现。

报告提到，“顺应‘万物互联、跨界融合’发展潮流，总结推广众陶联、维尚家具、林氏木业等企业发展模式经验” 。

“截至目前，平台的交易额已达240多亿元，预计到2018年年底可以突破300亿元。”众陶联常务副总经理李重光对记者说道。

而另外两个平台在发起时，也不乏把众陶联作为对标对象，有的甚至在成立之日起就宣布了平台要实现三年上市的计划。

实际上，据江皓透露，目前众陶联的资本价值已开始彰显。“从2017年到现在，已经有20多家投资方前来考察。”江皓说道。

在蓝源资本的规划中，这些从供应链入手，通过再造行业生态系统的平台，在未来不仅仅是撮合销售、优化物料采购，还将在人才培训、环保等多个环节发挥作用。

目前在培育这些平台的过程中，蓝源资本并不是一个简单的出资方，蓝源资本既参与了平台的顶层设计，在最初一年的运作中，还会派出专门的总监队伍，服务相应的平台。

“未来，我们还会在佛山继续推其他的‘众字辈’平台。”江皓向记者透露。

这也意味着，接下来，这家浙江企业还将站在更多佛山产业大佬的身边，而这最终能否搅动佛山产业的风云？

一切毕竟才刚刚开始。

（叶洁纯）

第六章 突围之盼

粤正形成具国际竞争力的营商环境新优势

一年7个“百亿美元”级项目密集落户或动工

“营商环境只有更好，没有最好。”习近平主席在首届中国国际进口博览会开幕式上的主旨演讲，掷地有声。

这一殷殷期盼化作广东奋进的源源动力。我省最快1个工作日可领取营业执照；过去3年新增6家世界500强企业；近一年来7个“百亿美元”级项目密集落户或动工……

日前，粤港澳大湾区研究院发布《2018年中国城市营商环境评价报告》，深圳、上海、广州位列前三，广东一省占据两名，表现出色。

参照国家发展改革委营商环境评价指标体系的三维度：“企业全生命周期、城市投资吸引力、城市高质量发展水平”，记者调研发现，广东正在形成具备国际竞争力的营商环境新优势，并在实践中不断强化提升。

最快1个工作日即可领取营业执照

开办一家企业需要多长时间，是观察区域营商环境最受关注的一项指标。

“1个工作日就搞定，体现了政府快速有效的执行力。”广东健客互联网医院有限公司仅用1个工作日，就在东莞领取营业执照，该司CEO谢方敏连声称赞。

上述情况并非个案。在资料齐全的情况下，企业在广州、深圳等地同样可1个工作日内领取营业执照。在全省层面，《广东省深化营商环境综合改革行动方案》要求，在年底前将开办企业时间整体压缩至5个工作日内，少于国家要求的8.5个工作日。

压缩企业开办时间，助力企业赢在“起跑线”，只是广东优化营商环境的缩影。商务部原副部长、中国国际经济交流中心副理事长魏建国认为：“广东有理念、有基础、有能力达到世界一流标准的营商环境。”

仍是外资在华“再投资”首选目的地

区域投资吸引力一直被视作反映一座城市营商环境的“晴雨表”。

华南美国商会发布的《2018年华南地区经济情况特别报告》显示，广东仍是外国公司资本在华“再投资”首选目的地。

数据显示，2018年1—7月，我省实际利用外资889.3亿元，同比增长3.1%，总量继续位居全国前列。

随着营商环境的不断优化，广东区域投资吸引力持续增强，多个“百亿美元级项目”也于近期密集落户或动工：

埃克森美孚在惠州建设化工综合体项目、LNG接收站项目；巴斯夫在湛江建设巴斯夫全球第三大石化一体化基地；广汽集团在广州建设广汽智联新能源汽车产业园……

为进一步加强外商在广东投资的政策支撑和服务保障，广东发布“外资十条”修订版，在多方面“对症施策”。

世界500强企业则是观察区域投资吸引力的另一项重要指标。调研发现，近3年广东新增6家世界500强企业，且均为民营企业，包括美的、恒大、万科、碧桂园、腾讯和雪松控股。当前广东拥有12家世界500强，仅次于北京，居全国第二位。

美国全国商会常务副会长兼国际事务总裁薄迈伦认为，广东营商环境越来越好，尤其2017年至今大有提升。

广东数字经济指数排名全国第一

2018年政府工作报告指出，优化营商环境就是解放生产力、提高竞争力。

数据显示，2018年上半年，全省新登记市场主体111.36万户，日均新登记市场主体6152户，同比增长24.96%。

在跨越由高速增长阶段转向高质量发展阶段的重大关口，广东持续优化的营商环境，已成为推动经济高质量发展的“新动能”。

芯片被喻为“工业粮食”，是所有整机设备的“心脏”。总投资70亿元的粤芯芯片项目落户广州开发区，自2018年3月底打桩到封顶仅用时6个多月，被称为“新黄埔速度”。

改革开放40年来，广东从拼“资源优势”到拼“营商环境优势”，经济发展质量正在不断提高。

当前，新一代信息技术、高端装备制造等战略性新兴产业，成为广东构筑产业体系新支柱的重点。

调研发现，广东通过出台一系列的政策举措，包括产业政策、人才政策、金融政策等，持续为上述产业发展营造良好营商环境，广东经济新增长点正在构建。

广东数字经济指数排名全国第一；海洋生产总值连续23年居全国首位；生物医药领跑全国，2020年全省生物产业产值规模将突破6000亿元；新能源汽车保有量超过20万辆，推广应用规模居全国前列。

（李凤祥）

广东企业家：

工匠精神成就“广东制造”名片

日前，广东新一代民营企业家集体发出倡议书，号召全省民营企业家继承和发扬老一辈企业家艰苦奋斗、敢闯敢干、聚焦实业、做精主业的精神，努力做强做优企业，打造世界一流企业，争当高质量发展生力军。

自2018年8月“‘向上突围’融媒体报道”启动以来，记者在调研中发现，广东企业家不仅通过自身发展助力广东实现“四个走在全国前列”，更成为世界商业领域中不可忽视的重要群体。2018年世界500强企业，广东拥有12家，位居全国第二。

10月24日，“改革开放40年百名杰出民营企业家”名单出炉。腾讯马化腾、华为任正非、广东长隆苏志刚、比亚迪王传福、恒大许家印、TCL李东生、美的控股何享健……名单中的企业家创业方式各有绝招，成功机缘迥然有别，但其中蕴涵的广东企业家精神却一脉相承。

改革开放40年来，广东企业家筚路蓝缕的创业历程体现出的开拓意识、实干精神、创新思维和开放胸怀，正是广东奋进的最佳写照。

➔敢为人先

开放包容又注重自主创新的企业家精神

调研发现，稳定并持续改善的营商环境，为广东企业家纵横驰骋提供了宽广舞台，从而逐渐形成了既敢为人先又务实沉着、既开放包容又注重自主创新的广东企业家精神。

1987年，43岁的任正非来到深圳，和几个伙伴一起创立了华为公司。华为依靠自主研发，走上了技术创新的发展道路。

新时期广东企业家的崛起，往往都离不开敢闯敢干的一股“狠”劲，用自身的快速发展诠释市场经济的效率和质量。

20年前，时任格力销售经理的董明珠宁可让出市场也不降价，带领23名营销业务员奋力迎战同行成百上千人的营销队伍。后来，格力空调连续多年产销量、销售收入、市场占有率均居全国首位。

距离格力不到100公里的广东顺德容桂镇，在20世纪90年代就是家喻户晓的家电名镇。仅80平方公里的小镇上，诞生了格兰仕、容声、科龙、万家乐、美的等多个“粤家电”品牌。这些企业中的佼佼者不断求新求变，研发新产品、开拓新市场，最终不仅成功闯过金融危机、中国入世等发展关口，更站上了世界产业竞争的大舞台。

实干兴邦

向世界展示中国企业家担当与魄力

敢闯敢拼只是广东企业家形象的一个侧面。调研发现，广东企业家拼搏“狠”劲的另一面是其难能可贵的实干精神。

近年来，受经济下行、原材料价格上涨、劳动力成本上升、全球市场低迷等因素影响，不少从事实体经济的民营企业遇到了“三座大山”：市场的冰山、融资的高山、转型的火山。然而，崇尚实干的广东企业家，正是在多重挑战中“突出重围”，开拓出自己的一片天地。

佛山、东莞、珠海、中山等制造业名城相继崛起，华为、格力、TCL、比亚迪、大疆等制造业名企享誉全国，这些优秀的广东企业偏爱在本行业从做精到做强。以格力为例，自1991年成立以来，其一直专注于空调研发和制造，成为迄今为止全球首个依靠单一品类价值突破千亿元的家电品牌。

如果说制造业的产业形态中本身就蕴含着务实求真的基因，在互联网大潮中，广东企业更体现了注重实业的特殊品格。

作为一家在广州土生土长的互联网电商平台，唯品会对每一个正式合作的供应商进行实地考察、原产地认证、生产工厂及生产实景的查检。目前，唯品会已与超过2万个品牌合作，所售商品均从品牌方官方渠道直接采购，从源头杜绝假货。

北京市社科院文化研究所副研究员刘瑾认为，广东实业家继往开来，不断思考与践行商业发展新趋势、新模式，快速高效地领跑业界，向世界展示了中国企业家的担当与魄力。

大河行船

着眼全球，成为广东开放名片

如果说40年前的企业家庆幸的是冰河解冻，那么今天的企业家，则更有机会在大河行船。

□ 蛇口改革开放博物馆里“时间就是金钱，效率就是生命”的标语

调研发现，广东企业家早已不拘泥于国内市场，而是放眼全球。

30年后的今天，华为已成为全球最大的通信设备制造企业，在2018年世界500强企业排行榜上居第72位，比2017年提升11位；美的通过收购全球顶级机器人企业德国库卡，全面提速全球经营及转型发展步伐，目前已在全球建立17个研发中心；大疆无人机不仅是中国无人机行业的龙头老大，更成为全球民用无人机第一……

一直以来，企业家都是广东开放的一张重要名片。

据北京大学经济学院教授、中国经济思想史专家周建波介绍，在全球100多个国家和地区，祖籍广东的海外华侨华人有3000多万，占整个华侨华人的70%；在港澳地区的有500多万，占港澳人口的90%。走出去不容易，但是广东商人敢走出去，敢于拼搏。

广东省社会科学院科研处处长梁军表示，广东企业家要以更加宽广的胸怀和视野，突破地域局限，把生意做到全世界，使广东企业家不仅是中国的一个商业群体概念，还要成为世界性的商业群体概念。

（王彪）

从产业变革应对者到技术创新发起者

广东日均诞生30家高企，专利综合实力居全国前列

2018年5月，珠海云洲智能科技有限公司（以下简称“云洲智能”）展出的全自动中型探测无人艇M40型“听风者”吸引了全球目光。而在太平洋的另一端——美国纽约，最新款的大疆便携式无人机接连发布；在广东，亚洲唯一量产的消费级3D传感器、全球最薄的柔性显示屏等创新产品令人目不暇接。

2017年，广东全省高新技术企业数达3.3万家，是2002年的19倍，位居全国第一；2018年11月底，省科技厅公布两批拟认定高企数量新增合计超过1.1万家，相当于我省每天诞生30家高企，势头喜人。

近年来，广东一方面出台“实体经济十条”修订版、“外资十条”修订版，不断优化营商环境，另一方面出台并落实多项科研激励举措，与港澳合力打造国际科技创新中心，广东企业呈现由要素投资驱动转向技术创新引领的良好态势。

单兵突击

从销售代理到技术领先

在惠州仲恺高新区，总投资129亿元的广东省重点项目——TCL集团模组整机一体化智能制造产业基地项目正如火如荼地建设。其中，已经投产的华星光电高世代模组子项目，仅用78天就量产了100万片液晶面板。未来，这里将成为全球最大的模组和整机一体化智能制造基地。

调研发现，专注研发持续创新，成为很多广东企业实现在全球产业价值链“向上突围”的不二法门。

20世纪80年代，李东生在惠阳生产出的“TTK”空白录音磁带销售火爆，任正非来到深圳注册成立华为公司并成为香港康力公司的HAX模拟交换机的代理商，顺德本土企业美的正式进入家电行业……

从“种子”不断向上突围成为参天大树，离不开发挥企业创新主体作用和市场导向作用，加快建立技术创新体系，激发创新活力。

广东企业依靠“三来一补”、加工贸易起家。然而，随着劳动力、土地等资源的日趋稀缺，传统的发展模式难以为继。好在广东企业转型及时。华为早在2009年就开展了5G研发项目；格力建成了全球规模最大的专业空调研发中心，截至2018年10月拥有技术专利8000多项；美的收购德国机器人巨头库卡，全面提升自身智能制造的能力……

正是对产品技术的持续创新，对核心技术的真正掌握，让广东企业在全球产业链中不断突围。2018年4月26日，国家知识产权局发布的《2017年全国专利实力状况报告》显示，广东省在全国专利综合实力排名中位列第一。

强强联合

区域创新能力蝉联全国首位

2017年开始，广汽积极和华为、腾讯、科大讯飞、思科、滴滴等省内外公司合作共建智能网联汽车生态圈，新近推出的两款车型都搭载了腾讯车联“AIinCar”系统。

调研发现，近年来，广东企业创新正呈现出从“单兵作战”向强强联合的协同创新转变，实现跨行业的产业链升级。

在这背后，政策支持不可或缺。2015年，广东出台《关于加快科技创新的若干政策意见》，其后又接连出台8个配套实施细则，激励企业增加创新投入。

从广东发展历史上看，优良的发展平台同样是促进广东产业链不断跃升的关键。

20世纪90年代末，当知识经济和高科技浪潮席卷全球时，广东乃至全国都亟须一个国际性的对外科技交流、展示窗口。于是，每年一度的高交会拉开帷幕，年轻人马化腾在这里拿到了第一笔风险投资。资本市场也同步跟进，2009年10月，筹备十年的创业板在深圳正式开板，面向成长型和高科技企业的“中国式纳斯达克”正式开启。

如今，深圳前海金融创新再次牵引着全球目光，与香港等地的金融服务资源加速流通。在政策、资本和产业的多方加持下，广东企业创新能力迅速攀升。2018年11月发布的“中国区域创新能力评价报告2018”中，广东区域创新能力继2017年后蝉联全国第一。

湾区携手

打造国际科技创新中心

2018年初，中图半导体科技有限公司在东莞松山湖的无尘车间建好了。车间内，刻蚀设备不停运转，在一块块4英寸大小的蓝宝石衬底上精准“绘画”。

从20世纪90年代初“东西南北中，发财到广东”，到如今创新项目接连落地，折射出广东发展动力的转变。

2018年8月，中央明确提出建设“广州—深圳—香港—澳门”科技创新走廊，打造大湾区国际科技创新中心。9月23日广深港高铁香港段开通运营，10月23日港珠澳大桥开通，粤港澳大湾区“1小时创新圈”加快从梦想进入现实。

香港的科研力量搭配珠三角的广阔市场，孕育诞生一批包括柔宇科技、奥比中光等在内的明星科创企业。

“粤港澳大湾区将与北京、上海一道，成为创新强国的三大支柱。”中国科学与科技政策研究会区域创新专业委员会主任李健民指出。

调研发现，背靠粤港澳大湾区，广东产业链升级已经超越了单个企业、单个领域，成为区域经济高质量发展的显著特征，一大批广东企业正在越来越多的重要行业中占据产业链中高端，并携技术优势走出国门，占据国际市场，呈现出从全球产业变革的应对者到发起者的重大转变。

大疆无人机在全球无人机市场几乎所向披靡，华为携5G技术在世界通信领域占据有利地位，比亚迪的云轨在国内多个城市陆续落地……广东企业在全球价值链、创新链上的地位不断提高，影响不断增强。

（王彪）